조선 최초의 여성 경영인
강빈

역사의 책갈피에 숨어 있는 여성들의 이야기,
여성 인물 도서관에서 꺼내 읽어 보세요.

● 일러두기
- 강빈은 강 씨라는 성 외에는 알려진 이름이 없어서 어린이들이 이해하기 쉽게 혼인하기 전에는 강 소저로 등장합니다.

조선 최초의 여성 경영인

강빈

박지숙 글 | 박미화 그림

차례

인물 소개	6
인물 관계도와 연표	8

별궁의 빛나는 별   10

병자호란이 터지다   20

굴욕적인 항복   30

심양에서 볼모로 살다   43

국제 무역을 시작하다   55

남탑 거리의 노예 시장   65

청나라 땅에서 부르는 풍년가　　　76

의심과 오해는 깊어지고　　　86

서양 문물에 눈뜨다　　　96

새로운 꿈을 약속했건만　　　107

조선 백성의 빛나는 별　　　117

그때 그 사건　#병자호란 #삼전도의_굴욕　　　128
인물 키워드　#경영인　　　130
인물 그리고 현재　#심양일기 외　　　134

인물 소개

강빈(1611~1646)

청나라에 무릎 꿇은 슬픔을 이겨 낼 새도 없이 낯선 땅 심양으로 끌려간 조선의 세자빈. 하지만 강빈은 평범한 세자빈으로서는 할 수 없는 행동으로 모두를 놀라게 하는데…….

'여인이라는 이유로, 세자빈이라는 이유로 절망하며 가만히 있을 수는 없어!'

볼모로 주저앉는 대신 청나라와 무역하고 농장을 운영했던 주체적인 경영인. 재물을 모아 조선 포로들을 구하고 눈물 흘리는 백성들을 챙겼던 당찬 세자빈.

실리에 밝고 지혜로웠던 여성, 조선 최초의 여성 경영인 강빈의 삶을 들여다보자.

인물 관계도와 연표

1611년 3월	강석기와 신예옥 사이에서 태어남.
1627년 1월	정묘호란이 일어남.
1627년 12월	인조의 아들 소현세자와 혼인함.
1636년 12월	병자호란이 일어남.
1637년 1월	조선이 청나라에 항복함. 삼전도의 굴욕을 겪음.
1637년 2월	소현세자와 함께 심양에 볼모로 잡혀감. 상업, 무역, 농장 경영, 포로 속환에 힘씀.
1645년 2월	조선으로 돌아옴.
1645년 4월	소현세자가 세상을 떠남.
1646년 3월	세상을 떠남.
1718년 4월	숙종이 강빈과 그 가족의 억울함을 풀어 주고 강빈의 지위를 회복시켜 민회빈(愍懷嬪)이라는 이름을 받음.

별궁의 빛나는 별

"옥련아, 빨리 와. 난 꼭 세자 저하•가 보고 싶단 말이야."

강 소저•가 큰길로 뛰어가며 외쳤다. 그사이 소현세자가 지나갔을까 봐 마음이 급했다.

"천천히 가요, 아가씨. 뭔 걸음이 봇짐장수 딸인 저보다 빠르대요?"

"다시없을 기회니까 그렇지. 내가 언제 세자 저하를 만나겠니?"

강 소저가 들뜬 표정으로 뒤돌아봤다. 강 소저의 다홍색 치맛자

• 저하(邸下) : 조선 시대에, 왕세자를 이르던 말
• 소저(小姐) : '아가씨'를 한문 투로 이르는 말

락이 팔랑팔랑 휘날렸다.

"어휴, 겉보기만 얌전한 말괄량이 아가씨."

옥련이도 헐떡거리며 달음박질했다.

한양 거리는 이미 왕실 가마 행렬을 구경하려는 백성들로 왁자지껄했다.

정묘호란•이 끝난 지 두 달. 한양까지는 후금의 오랑캐•가 내려오지 않아서일까, 아니면 전쟁을 잘 이끈 소현세자에 대한 믿음 때문일까. 모처럼 백성들 얼굴에 웃음이 가득했다.

지난 1월, 후금이 조선에 쳐들어왔다. 만주 벌판에서 세력을 키운 후금의 기세는 거침없었다.

"조선은 왜 명나라만 받드느냐? 당장 우리에게 무릎을 꿇어라."

후금은 조선에 큰소리를 떵떵 쳤다.

미처 전쟁에 대비하지 못했던 인조는 급히 강화도로 피신했고, 그런 임금 대신에 소현세자가 전주로 내려가 조정을 이끌었다. 다

• **정묘호란(丁卯胡亂)** : 1627년에 후금(청나라의 이전 이름)이 조선에 침입하여 일어난 전쟁으로, 인조가 강화도로 피했다가 강화 조약을 맺고 두 나라는 형제의 나라가 됨.
• **오랑캐** : 예전에, 두만강 일대의 만주 지방에 살던 여진족을 업신여겨 이르던 말. 1616년에 누르하치가 여진족을 통합해 후금을 세움.

행히 조선을 통째로 짓밟을 것 같았던 후금은 조선과 '형제의 맹약'을 맺고서 돌아갔다. 그리고 오늘, 소현세자가 강화도에서 왕실 가족을 데려오는 것이다.

"세자 저하가 나랏일을 곧잘 살폈다면서?"

"그랬다더군. 불안해하는 백성들을 다독이고 군사를 모아 전쟁터로 보냈다지."

"그뿐인가. 전쟁이 나면 백성이 가장 힘들다면서 세금도 줄였잖은가."

구경꾼들이 소현세자의 활약에 대해 떠들었다. 강 소저는 귀를 쫑긋 세웠다.

"하루는 세자 저하가 말을 타고 가는데 진흙 길에 볏짚이 깔려 있더래. 그걸 본 세자 저하가 '이 볏짚은 말이 먹을 귀한 식량이다. 내 옷에 흙이 묻으면 어떻다고 헤프게 쓰느냐?'라고 꾸짖었다더군."

강 소저도 들은 이야기였다. 백성들 입에 오르내리는 소현세자의 소문을 들을수록 강 소저는 소현세자가 궁금했다. 아무리 왕세자이지만 열여섯 살 소년의 마음새가 그토록 넓을까 싶었다. 그래서 한번 보고 싶어 달려왔던 것이다.

"온다, 온다! 맨 앞에 하얀 말을 탄 분이 세자 저하인가 봐."

사람들이 웅성거렸다.

저편에 가마 행렬이 나타났다. 왕비와 공주가 탄 가마, 왕자들이 탄 말들이 설핏 보였다. 비록 피란° 갔다 오는 중이지만 왕실의 위엄과 품격이 넘쳤다. 다른 왕실 행사 때와는 달리 그리 웅장하거나 화려하지도 않았지만 백성들에게는 대단한 구경거리였다.

"이런, 안 보이잖아!"

강 소저는 고개를 쭉 내밀었다가 깡충 뛰어 보았다. 하지만 구경꾼들 뒤통수만 보였다. 옥련이가 헤쳐 나가려고 해도 사람들 틈바구니를 뚫을 수 없었다.

강 소저가 휘둘러보니 마침 길가에 큼직한 느티나무가 있었다. 두 갈래로 높게 뻗은 가지 위에서라면 가마 행렬이 훤히 보일 것 같았다.

"옥련아, 나를 저리 올려 줘."

강 소저가 냉큼 나무 옆으로 뛰어갔다. 옥련이는 못 말리겠다는 듯 고개를 젓다가 강 소저를 받쳐 올렸다. 강 소저가 우뚝 나뭇가지 위에 섰다.

● 피란(避亂) : 전쟁을 피하여 옮겨 감.

왕실 가마 행렬이 가까이 왔다. 또각! 또각! 또각! 흰말을 탄 소년이 다가왔다. 소현세자가 틀림없었다.

'역시 의젓한 왕자님이구나!'

강 소저가 씩 웃었다.

그 순간 봄바람이 불면서 강 소저의 치맛자락이 팔락였다. 햇살에 눈이 부신 걸까, 강 소저의 꽃잎 같은 옷자락이 고와서일까. 소현세자가 나무 위를 쳐다봤다. 그 순간 강 소저와 소현세자의 눈이 딱 마주쳤다. 봄빛 싱그러운 5월, 첫 만남이었다.

그때 소현세자는 생각했다.

'엇, 양반댁 아가씨가 나무에 올랐네! 참 당돌한 아가씨군.'

 얼마 뒤, 나라에 간택령°이 내렸다. 양반 가문의 혼인이 금지되고, 소현 세자의 짝을 찾는 간택이 시작됐다. 강 소저는 세자빈 후보가 되어 궁궐에 들어갔다.

 '세자 저하와 다시 만날 줄은 꿈에도 몰랐어. 하지만 나는 세자빈이 못 될 거야. 벌써 왕실에서 점찍어 놓은 아가씨가 있다잖아. 그래도 부모님께 배운 대로 몸가짐을 잘해야지.'

 간택 절차에 따라 왕실 어른들께 예를 올린 뒤였다. 점심상이 나왔는데, 유력한 세자빈 후보였던 아가씨가 갑자기 이상하게 행동했다. 손으로 음

● 간택령(揀擇令) : 조선 시대에 임금·왕자·왕녀의 배우자를 고른다는 명령

식을 게걸스럽게 집어 먹고, 귀신을 보는 양 허공에 대고 중얼거렸다. 마치 실성한 사람 같았다.

강 소저는 아버지와 어머니가 나누던 말을 떠올렸다.

"우리 애를 간택에서 떨어지게 할까요? 왕실과 혼사 맺는 게 불안합니다."

"어허! 왕실 혼례는 나라의 장래를 위한 일이오. 그런 중요한 행사에 불순한 마음을 가지면 되겠소?"

아버지 강석기는 성품이 대나무처럼 꼿꼿했다.

그즈음 양반가에서는 왕실과의 혼인을 반기지 않았다. 정묘호란이 끝났으나 나라는 황폐했고, 인조 정권도 불안정한 상태였다. 물론 왕실과 혼사를 맺으면 부귀영화를 누리지만, 까딱하면 집안이 화를 입을 수도 있었다.

'저 아가씨는 일부러 미친 척하는구나. 세자빈이 되기 싫은 거야.'

강 소저는 세자빈으로 유력해 보였던 아가씨를 물끄러미 바라보았다.

간택 시험은 오랫동안 이어졌다. 강 소저는 자신의 모습을 있는 그대로 보여 줬다. 왕실 어른이 질문하면 평소에 품었던 생각을 분명하게 말했다. 또한 재주를 돋보이게 꾸미거나 특별나게 행동하지 않았다.

강 소저는 세 번에 걸친 간택 시험을 가뿐히 통과했다. 조선의 왕세자빈, 소현세자의 짝으로 뽑힌 것이다.

그날부터 혼렛날까지 강 소저는 별궁•인 태평관에서 왕실 예법을 익혔다. 강 소저를 따라 궁궐에 들어온 옥련이도 궁녀의 법도를 배웠다.

강 소저는 바쁜 시간을 보내면서도 가끔 소현세자를 생각했다. 아버지가 어머니에게 했던 말도 떠올랐다.

"세자 저하를 잘 보필할 사람이 필요하오. 지금 나라 바깥은 변화무쌍합니다. 명나라는 쇠약해지고, 후금은 형세가 커지고 있어요. 두 나라 틈에 끼어 조선은 압박받을 것이고, 세자 저하에게 힘겨운 일이 많을 것이오."

그날 밤, 강 소저는 창문을 열었다. 밤하늘에 겨울 별이 무수했다. 머나먼 우주에서 별들은 보석처럼 반짝였다.

'별에는 세상 사람들의 소망이 담겨 있다지. 우리 백성들은 농사를 잘 짓게 보살펴 달라며 별에 이름을 붙였대. 콩별, 조별, 쌀별,

• **별궁(別宮)** : 왕이나 왕세자의 혼례 때 왕비나 세자빈을 맞아들이던 궁전

삼베별, 보리별. 나도 백성들처럼 진심으로 빌면 소망이 이루어질까?'

강 소저는 별을 쳐다보며 속삭였다.

"별님, 나는 세자 저하와 변치 않고 서로 위해 주는 부부가 되고 싶어요. 원앙새처럼 말이에요. 그리고 우리 세자 저하가 큰일을 하고, 어려운 일에 부딪히면 지혜롭게 이겨 내도록 도와주세요."

때마침 다른 궁녀에게 귀동냥하고 온 옥련이가 쫑알거렸다.

"세자 저하는 마음이 따스하대요. 조용한 성격이지만 나서야 할 때는 용감한 대장부이고요."

"암, 그러니까 백성에게 존경받는 거야."

옥련이의 말에 강 소저는 기분이 좋았다. 우쭐해지고 든든해졌다. 왕실 법도가 엄하고 궁중 생활이 힘들어도 소현세자와 함께라면 앞날은 온통 행복뿐일 듯했다.

그때 별똥별이 긴 꼬리를 밝히며 땅으로 떨어졌다.

"아가씨, 아니 세자빈마마! 예전에 돌아가신 우리 아버지가 말했어요. 조선 팔도를 다니는 보부상•은 별을 보며 밤길을 걷는대요.

• 보부상(褓負商) : 물건을 보자기에 싸서 메고 다니며 파는 봇짐장수와 물건을 등에 지고 다니며 파는 등짐장수를 통틀어 이르는 말

마마도 빛나는 별이 되세요. 세자 저하는 조선의 앞날을 밝히는 별, 마마는 조선 백성이 우러르는 별!"

이제 강빈으로 불리게 될 강 소저가 옥련이에게 약속했다.

"그래, 꼭 그럴게."

12월, 소현세자와의 혼인날이 다가오고 있었다. 검푸른 하늘에는 별이 총총했다.

병자호란이 터지다

행복한 시간은 꿈처럼 10년이 흘렀다.

"빈궁, 원손˙과 빨리 피하시오. 나는 전하와 함께 곧 뒤따라가겠소."

1636년 겨울이었다. 소현세자가 다급히 강빈에게 말했다.

"청나라군이 기어이 쳐들어온 겁니까?"

"그렇소. 며칠 전부터 북쪽 국경에서는 청나라군의 침입을 알리는 봉홧불이 올랐는데, 도원수˙ 김자점이 조정에 알리지 않았다 하오. 게다가 적과 싸우지 않고 도망쳤다오."

• 원손(元孫) : 아직 왕세손으로 책봉되지 않은 왕세자의 맏아들 또는 상왕의 맏손자

소현세자의 얼굴이 노여움으로 붉어졌다.

그 무렵, 후금은 홍타이지가 새 임금이 되면서 나라 이름을 청으로 바꾸었다. 홍타이지는 스스로 황제라고 칭하며 조선에 으름장을 놓았다.

"조선은 우리와 형제의 맹약을 맺고서도 왜 명나라와만 가깝게 지내느냐? 우리와의 약속을 잊은 것이냐? 당장 우리 청나라에 신하의 나라임을 인정하고 예를 갖추어라."

그러나 조선은 청나라를 오랑캐 나라라고 얕잡아 보며 그 요구를 무시했다. 그러자 홍타이지는 10만여 명이 넘는 대군을 이끌고 조선에 쳐들어왔다.

그들은 얼어붙은 압록강을 단숨에 건너 한양까지 치달았다. 그때까지 인조와 조정 대신들은 우왕좌왕하다가 왕실 가족부터 피란시키기로 한 것이다.

강빈은 황급히 원손과 왕실 가족, 여러 신하와 함께 강화도로 향했다. 강화도는 큰 섬인 데다가 방어 시설이 잘 갖추어져 있어서 바다를 건너오는 적과 맞서기에 알맞았다. 그래서 전쟁이 나면 왕실

* **도원수(都元帥)** : 고려·조선 시대에, 전쟁이 났을 때 군사에 관한 일을 총괄하던 임시 무관 벼슬

피란처가 되곤 했다.

　겨울 찬바람을 헤쳐 가는 피란길은 무척 힘겨웠다. 허둥허둥 강화도로 향하는 나루터에 닿았을 때였다. 갑자기 피란 행렬이 멈추었다.

　"왜 가마가 멎는 게냐?"

　강빈이 묻자 옥련이가 안절부절못하며 대답했다.

　"나룻배가 없대요. 김경징 검찰사가 배를 모조리 가져갔답니다. 제 가족을 건네게 하려고요."

　검찰사라면 왕실 피란 책임자가 아니던가. 강빈은 기가 막혔다.

　"호위 군사와 신하들이 배를 구하려고 애쓰나 허탕이랍니다."

　피란 행렬은 맹추위 속에서 꼬박 이틀 밤낮을 견뎠다. 하지만 섬에서는 좀처럼 배를 보내지 않고, 뒤에서는 청나라군이 쫓아오고 있었다.

　희뿌연 눈발이 줄기차게 쏟아졌다. 동틀 무렵, 옥련이가 강빈에게 훌쩍이며 말했다.

　"세자빈마마, 궁녀들이 쓰러지고 있습니다. 간밤엔 아기나인이

• 검찰사(檢察使) : 조선 시대에, 나라에 중대한 사건이나 군사상의 문제가 생기면 검사하여 살피던 임시 관직

둘이나 얼어 죽었고요."

"뭣이라? 사람들이 이토록 고통받는데, 김경징이란 자는 나 몰라라 하는구나. 바깥의 적인 오랑캐보다 안의 적인 부패한 관리가 더 잔인하구나."

강빈은 참을 수 없었다. 왕실 여인은 궁 밖에서 함부로 얼굴을 보일 수 없었다. 하지만 왕실 예법을 따질 때가 아니었다. 강빈은 가마를 박차고 나왔다.

"마마, 왜 그러십니까? 세자빈의 체통을 지키셔야 해요."

강빈의 행동에 옥련이가 놀라 가로막았다.

"세자빈의 체통보다 사람 목숨이 더 소중하다."

강빈은 아랑곳하지 않고 건너편 섬을 향해 큰 소리로 호통쳤다.

"네 이놈, 경징아! 네가 어찌 이럴 수 있느냐? 네 죄가 무섭지 않으냐? 내 오늘을 결코 잊지 않으리라!"

신하들이 깜짝 놀라 입을 쩍 벌렸고 궁녀들은 어쩔 줄 몰라 쩔쩔맸다.

강빈은 잘못된 점을 꾸짖고, 잘못한 자를 나무라는 것은 마땅하다고 생각했다. 강빈의 외침은 멈추지 않았다. 세찬 바닷바람에 그 목소리가 덜덜덜 떨렸다.

그때였다. 자그만 새앙각시● 향이가 강빈 곁으로 뛰어오더니 손나발을 만들어 외쳤다.

"배를 보내시오! 세자빈마마께 배를 보내시오!"

그 모습을 본 궁녀들도 따라 외쳤다. 주위 사람들도 합세하여 부르짖었다.

"배를 보내시오! 당장 배를 보내시오!"

마침내 강화 유수●가 배를 보냈다. 그렇게 강빈과 피란 행렬은 가까스로 섬에 들어갔다.

● **새앙각시** : 두 갈래로 갈라서 땋은 머리를 한 어린 궁녀
● **유수(留守)** : 조선 시대에, 수도 밖의 중요한 곳을 맡아 다스리던 정이품의 지방 관리

그날 저녁, 강빈은 향이를 처소로 불러 물었다.

"어떻게 나설 용기를 냈느냐?"

"제 동무들이 죽는 게 싫었습니다. 또 마마 목소리가 섬까지 안 들릴까 봐 걱정스러웠습니다. 그렇게 되면 생명을 구하려는 세자빈 마마의 마음이 헛되잖습니까. 그래서 작은 힘을 보탰나이다."

"기특하구나. 네 덕분에 내 위엄이 섰단다."

강빈은 총명한 향이를 자신의 궁녀로 삼았다.

그 시각, 소현세자와 인조는 남한산성으로 피했다. 청나라 장수 마부대가 수백 명의 기마병을 이끌고 와서 강화도로 가는 길목을 막았기 때문이다.

소현세자는 산성의 형편을 두루 살펴봤다. 성을 지키는 군사는 고작 1만 3천 명, 식량도 50일 분량이었다. 전쟁이 막 시작된 상황에서 군사도 식량도 턱없이 부족했다.

'앞이 깜깜하구나. 빈궁이 있는 강화도가 버텨야 이곳에서 맞설 텐데……'

소현세자는 강빈이 무사하길 빌었다.

어느덧 해가 바뀌었다. 1월 중순, 소현세자의 바람은 물거품이

됐다. 청나라군이 홍이포˙를 쏘며 강화도로 건너가기 시작했다. 조선군과 청나라군이 쏘아 대는 대포는 천둥처럼 터졌고, 강화 앞바다를 가로지르는 화살은 성난 바람처럼 쉿쉿거렸다. 조선군은 청나라군에 맞서 용감하게 싸웠다. 하지만 승리는 이미 청나라로 기울고 있었다. 조선군의 함성이 끔찍한 비명으로 바뀌더니 청나라군의 말발굽이 강화 땅을 짓밟았다.

청나라군이 몰려오는 위급한 상황 속에서 강빈은 품에 안은 원손을 내려다봤다. 원손은 강빈과 소현세자의 첫아들로, 장차 조선을 이끌 왕세손이었다. 그러므로 적군이 오면 원손은 위험해질 게 분명했다. 강빈은 첫돌도 안 된 원손을 내관에게 안겨 주며 비장하게 말했다.

"원손을 지켜라. 만약 바다를 건너지 못하면 산속 깊숙이 숨어 있거라."

"예, 저희가 반드시 원손 아기씨를 지키겠나이다."

원손을 안은 내관과 상궁 몇이 잽싸게 몸을 피했다.

• 홍이포(紅夷砲) : 명나라 때 네덜란드에서 들여온 대포. 명나라와 네덜란드 전쟁 당시 명나라가 네덜란드인을 홍모이(붉은색 머리카락 오랑캐)라고 부른 것에서 유래됨.

 원손이 떠나자 강빈은 은장도를 꺼내 들었다. 만약 적에게 잡히면 수모를 당할 뿐만 아니라 소현세자에게 짐이 될 게 뻔했다. 청나라군은 강빈을 인질로 삼아서 남한산성에 있는 소현세자에게 항복하라고 다그칠 것이었다.
 강빈이 은장도를 치켜들 때였다.
 "안 됩니다, 마마!"
 그 모습을 본 옥련이가 부리나케 달려들어 강빈을 막았다.
 "놔라. 나는 적에게 이용당하기 싫다."

강빈이 옥련이를 뿌리쳤다. 그러자 이번에는 향이가 가로막으며 외쳤다.

"마마, 저희를 지켜 주셔야죠. 나중에 무사히 궁으로 돌아가 원손 아기씨를 만나셔야죠."

열 살 아이의 말이 날카롭게 강빈의 가슴에 꽂혔다. 강빈은 원손의 어미이자 장차 만백성의 어미가 될 사람이었다. 그러므로 든든한 방패막이가 되어 그들을 보호해야 했다. 강빈은 은장도를 떨구며 맹세하듯 말했다.

"그래, 내 생각이 짧았구나. 앞으로는 내가 누구인지를 절대 잊지 않으마."

조선군이 끝까지 버티기를 바랐으나 강화도는 기어이 함락•되었다. 마을은 불타고 백성들은 쓰러졌다. 잿더미로 변한 강화도는 핏빛 자욱한 지옥의 불구덩이였다.

강빈은 홍타이지의 동생인 도르곤에게 붙잡혔다.

"세자빈과 왕실 가족은 포로다. 곧장 이들을 황제 폐하께 끌고 가라."

도르곤이 차갑게 외쳤다.

•**함락(陷落)** : 적의 성, 요새 등을 공격하며 무너뜨림.

'원손은 잘 숨었을까. 남한산성은 무사할까.'

강빈은 두려워졌다. 하지만 금세 헝클어진 마음을 추슬렀다. 그래야 백성들이 힘을 낼 듯싶었다.

강빈은 주문처럼 중얼거렸다.

"나는 조선의 왕세자빈이다!"

굴욕적인 항복

 강빈이 끌려간 곳은 삼전도였다. 진눈깨비가 추적추적 내리고, 칼바람이 살을 할퀴었다. 청나라 진영*은 갑옷으로 무장한 군사들로 빽빽했다. 그들은 하나같이 사납고 용맹스러워 보였다. 튼튼한 말과 각종 무기는 청나라의 힘을 과시하는 듯했다.
 한쪽에는 그새 사로잡힌 조선인 포로가 수만 명이었다. 포로들은 강빈을 보자마자 울부짖으며 애원했다.
 "살려 주세요."
 "제발 돌려보내 주세요."

• 진영(陣營) : 군대가 진을 치고 있는 곳

그러자 청나라 군사들이 채찍을 휘둘렀고, 조선인 포로들은 외마디 비명을 지르며 쓰러졌다. 강빈은 눈을 질끈 감았다. 고통받는 백성들을 보는 게 힘겨웠다. 그때였다. 대놓고 들으라는 듯 비아냥거리는 조선말이 강빈의 귓가에 파고들었다.

"시끄럽게 굴지 마라. 너희가 이 꼴인 건 못난 조선의 백성이기 때문이야."

강빈은 놀라 그 사람을 쳐다봤다. 호복[•]을 입고 변발[•]한 행색이 청나라인이었다. 그 사람은 강빈을 보며 픽 웃고는 거들먹거리며 지나갔다.

"저 사람은 누구냐? 우리말을 잘하는 청나라인이냐? 한번 알아보아라."

강빈이 옥련이에게 지시했다.

포로가 된 강빈은 초라한 천막에 갇혀야 했다. 천막 앞은 청나라 군사들이 지키고 있었다. 천막 안에서 서성이던 강빈은 잠시 걸음을 멈춘 채 천막 틈으로 보이는 하얀 눈으로 뒤덮인 산을 바라봤다.

- **호복(胡服)** : 만주인의 옷
- **변발(辮髮/編髮)** : 만주인의 풍습으로, 머리 뒷부분만 남기고 나머지 부분을 깎아 뒤로 길게 땋아 늘인 남자 머리

소현세자는 남한산성에서 청나라군과 싸우며 버티는 중이었다. 강빈은 소현세자가 이 나라, 이 땅을 지켜 내기를 간절히 빌었다.

"마마, 아까 그 사람은 역관* 정명수인데 청나라에 붙어사는 지독한 자랍니다."

옥련이와 향이는 재발랐다*. 언제 어느 곳에서든 갖가지 소식을 듣고 와서 강빈에게 알렸다.

정명수의 악명은 청 진영에 있는 조선인들에게 널리 퍼져 있었다. 평안도 노비 출신인 그자는 청나라의 권세를 등에 업고 조선 조정에 권력을 휘두르고 있었다.

다음 날이었다. 몰래 천막 뒤로 빠져나갔던 향이가 들어와 흐느꼈다.

"전하께서 청나라에 항복하신답니다. 강화도 함락 소식을 듣고 싸우기를 멈추셨대요. 지금 세자 저하랑 여기로 오신답니다."

그날은 해조차 빛이 없었다. 남한산성에서 47일 만에 나온 인조와 소현세자가 삼전도에 나타났다. 인조는 임금을 상징하는 붉은

* **역관(譯官)** : 통역을 맡아보는 관리
* **재바르다** : 동작 따위가 재고 빠르다.

곤룡포 대신 푸른 옷을 입고 있었다. 그 옷차림은 청나라 신하가 되겠다는 항복의 표시였다.

"전-하!"

강빈이 울음을 터트렸다.

"전-하, 이 슬픔을 어찌하오리까!"

백성들이 가슴을 치며 통곡했다. 서러운 통곡 소리가 조선 땅을 흔들고 하늘을 찔렀다.

청나라 진영 한가운데에는 아홉 단으로 높다랗게 수항단°이 설치되어 있었다. 홍타이지가 황제의 권위를 드러내는 황금색 장막과 커다란 일산°을 세운 맨 윗단에 앉았다. 그 아래에는 차례로 청나라 왕자, 갑옷으로 무장한 장군과 귀족이 섰고, 수많은 병사가 창검과 깃발을 들고 늘어서 있었다.

"조선 왕은 황제 폐하께 예를 갖추어라!"

청나라 장수 용골대가 우렁우렁 외쳤다. 그 말을 정명수가 되받아 조선말로 소리쳤다.

- **수항단(受降壇)**: 항복을 받아들이는 단이라는 뜻으로, 인조가 청나라 황제에게 굴욕적인 항복을 한 단
- **일산(日傘)**: 황제, 황태자, 왕세자 등이 행차할 때 받치던 의장 양산으로, 자루가 길고 황색, 적색, 흑색의 비단으로 만듦.

인조는 홍타이지에게 무릎을 꿇고 양손을 땅에 댄 다음 머리를 세 번 조아리는 행동을 세 번 반복하는 삼배구고두례를 올렸다. 삼전도의 굴욕이자 청나라 황제에게 행하는 치욕적인 항복이었다.

인조가 한 번 무릎을 꿇고 세 번 이마를 찧을 때마다 왕의 권위는 땅으로 떨어졌다. 얼어붙은 땅바닥에 머리를 조아리는 인조의 이마에서는 붉은 핏방울이 흘렀다.

강빈은 심장이 찢기는 듯했다. 적에 대한 분노가 끓어오르고 약한 나라의 설움이 솟구쳤다. 당장 뛰어나가 인조를 일으키고 높다란 계단을 뛰어올라 청 황제에게 달려들고 싶었다. 하지만 안타깝게도 강빈과 소현세자마저 청 황제에게 복종의 예를 올려야 했다.

홍타이지는 흡족히 웃으며 인조에게 말했다.

"그대가 나에게 기쁜 마음으로 복종하고, 지난날의 잘못을 뉘우치니 흔쾌히 용서하마. 그대는 내 은혜를 잊지 말고 명나라와 외교를 끊어라. 조선은 청나라의 신하 국가이니라!"

해가 질 무렵, 인조는 궁으로 돌아갈 채비를 했다. 인조가 송파나루에서 배에 오를 때였다.

"임금님, 저희를 버리고 어디로 가십니까?"

조선 포로들이 울면서 절규했다.

그날 밤늦도록 청 황제의 잔치가 이어졌다. 청나라 군사들은 왁자지껄 웃고 떠들고 노래하고 춤추며 승리의 기쁨을 누렸다.

그러나 강빈과 소현세자에게는 슬픈 패배의 시간이었다. 조선이 항복하자 청 황제는 엄청난 조공*을 요구했다. 온갖 물품과 돈을 내놓게 했고, 조선 백성들을 청나라로 끌고 가겠다고 했다. 그중에는 강빈과 소현세자도 있었다.

"저하, 괜찮으십니까?"

"나는 저들에게 목숨을 잃어도 상관없소. 하지만 빈궁까지 포로로 만들어 미안하구려."

소현세자가 씁쓸하게 웃었다.

"제 걱정은 마세요. 저하가 가는 곳이면 저도 가야지요."

강빈과 소현세자는 말없이 손을 잡았다.

청나라로 떠나는 날이었다. 강빈과 소현세자는 인조에게 작별 인사를 올렸다.

"아바마마, 옥체*를 보존하시옵소서."

* **조공(朝貢)** : 다른 나라의 지배를 받는 나라가 지배하는 나라에 때를 맞추어 예물을 바치던 일 또는 그 예물

"오냐. 너는 조선의 세자로서 모든 일에 힘쓰도록 하라. 함부로 속을 드러내지 말고, 지나치게 화도 내지 말라. 결코 가볍게 보여선 안 될 것이야."

인조가 세자에게 말했다. 임금으로서의 엄한 당부였다.

마침 그 곁에는 청나라의 도르곤이 있었다. 인조는 도르곤에게 간곡히 부탁했다.

"우리 세자빈이 먼 길에 병날까 봐 염려스럽소. 몸이 약한 세자와 함께 온돌방에서 재워 주구려."

그 목소리에는 아버지의 따사로운 정이 담뿍 담겨 있었다.

"알겠습니다. 세자 부부가 간다고 해도 머지않아 돌아올 테니, 아무 걱정 하지 마십시오."

도르곤이 짐짓 예의 바른 태도로 대답했다.

강빈이 가마에 타자 소현세자가 말에 올랐다. 그것을 본 신하들이 소현세자의 옷자락을 붙잡고 꺼이꺼이 울었다.

"세자 저하! 저하께서 오랑캐에게 잡혀가다니 원통합니다!"

"세자빈마마! 귀하신 마마께서 그 머나먼 길을 어찌 가십니까!"

강빈은 울음을 삼켰다. 인조와 신하들에게 나약한 모양새를 보

• **옥체(玉體)** : 임금의 몸

이고 싶지 않았다.

"어허, 자중하시오. 전하 앞에서 무슨 짓이오. 당장 울음을 멈추세요."

소현세자가 신하들을 다독였다. 의젓한 말투였지만 목소리가 가냘프게 떨리는 걸 강빈은 알 수 있었다. 그때 용골대가 곁에 와서 재촉했다.

"뭘 꾸물거리는 게요. 세자와 세자빈은 어서 출발하시오!"

정명수가 용골대 옆에서 기세등등한 목소리로 통역했다.

'조선을 떠나면 언제 올 수 있을까. 다시 돌아올 수 있을까.'

백성들의 눈물 바람 속에서 강빈은 천천히 길을 떠났다.

청나라로 끌려가는 포로는 강빈과 소현세자뿐만이 아니었다. 봉림대군 부부와 조정 대신들, 대신의 자녀와 궁녀, 하인 등 2백 명에 가까웠고, 백성은 자그마치 50만 명이었다. 조선인 포로가 워낙 많아서 산과 들이 뒤덮일 정도였다.

청나라로 가는 길은 멀고 험했다. 청나라군은 평평한 길 대신 산을 넘고 골짜기를 건너 에돌아갔다. 조선에서 더 많은 재물을 강탈하기 위해서였다. 그들은 마을을 지날 때마다 식량과 물건을 빼앗고 집을 불태웠다. 그리고 사람들을 잡아갔는데 특히 조선 여인들을 닥치는 대로 끌고 갔다. 조선 여인은 그 가족에게 후한 값을 받고 풀어 주거나 중국에서 노예로 팔면 한몫 톡톡히 챙길 수 있었기 때문이다.

"나쁜 놈들, 조선인을 잡으려고 눈에 불을 켜는구나."

처참한 광경에 강빈은 부들부들 떨었다. 마음 약한 소현세자도 슬픔을 이기지 못했다. 어느 밤, 소현세자가 대성통곡했다.

"가엾은 우리 백성들……. 내 죄가 크오."

강빈도 목 놓아 울었다.

강빈은 끌려가는 포로들을 단 한 명이라도 살리고 싶었다. 하지만 달리 방법이 없었다. 섣불리 나섰다가는 백성들을 더 큰 위험에 빠트릴 수 있었다.

어느덧 압록강에 다다랐을 때였다. 뜬금없이 청나라 장수가 외쳤다.

"조선인 포로는 도망쳐도 좋다. 만약 잡히지 않으면 그대로 살려 주마!"

조선인 포로들은 영문을 몰라 어리둥절했다.

강빈도 갑작스러운 말에 고개를 갸웃했다. 잔혹하게 조선인을 대하던 이전의 태도와는 아주 달랐기 때문이다. 그때 청나라 장수가 "만약 잡히지 않으면"이라고 한 말이 머릿속을 스쳤다. 퍼뜩 속임수구나 싶었다.

"옥련아, 아무도 움직여선 안 된다. 용골대와 청나라군의 음모다!"

"향이야, 저놈들의 꾐이다. 백성들에게 꼼짝 말라고 해라!"

강빈이 외쳤다. 그러나 한발 늦고 말았다.

"그래, 청나라에 가면 목숨이 어찌 될지 알 수 없어."

"청나라군도 사람이니까 인정을 베푸는 거야."

몇몇 사람이 웅성거리더니 냅다 뛰기 시작했다. 한 명이 달리자 몇 명이 뛰었고, 한 무리가 사방으로 흩어지며 달아났다. 청나라 군사들은 말 위에 앉아 팔짱을 낀 채 껄껄껄 웃고 있었다.

조금 뒤였다. 탕! 산골짝 깊숙이 총성이 울렸다. 곧이어 청나라 장수가 소리를 질렀다.

"지금부터 사냥이다!"

청나라 군사들이 포로를 쫓기 시작했다. 조선인 포로 사냥이었다. 여기저기서 비명이 터졌다. 청나라 군사들이 도망쳤던 포로들을 인정사정없이 잡아 왔다. 보는 사람에게도, 끌려오는 사람에게도 끔찍한 순간이었다. 영원처럼 길고 긴 고통의 순간이었다. 압록강 주변은 생지옥이었다.

"이놈들, 멈춰라!"

소현세자가 용골대에게 돌진했다. 이글거리는 눈빛으로 용골대에게 달려드는 순간, 날카로운 칼날이 소현세자의 목을 겨냥했다.
"당장 놓지 못할까!"
강빈도 용골대에게 덤벼들었다. 하지만 강빈조차 청나라 군사에게 둘러싸이고 말았다.

심양에서 볼모°로 살다

　청나라로 가는 길은 눈물로 얼룩진 여정이었다. 압록강을 건너 적의 땅에 들어서자 포로들은 체념한 듯했다. 강빈도 맥이 빠졌다. 조선 땅을 짓밟고 백성들의 목숨을 앗아간 청나라군을 절대로 용서할 수 없어서 분노가 치밀다가도 백성을 구하지 못했다는 생각에 마음이 아팠다.

　그렇게 긴 포로 행렬은 다음 날도, 그다음 날도, 쉼 없이 북으로, 북으로 올라갔다. 조선에서 멀어질수록 척박한 땅이 이어졌고, 추

• **볼모** : 예전에, 나라 사이에 조약 이행을 담보로 상대 나라에 억지로 머무르게 하던 왕자
　　나 그 밖의 유력한 사람

위는 영 풀릴 줄을 몰랐다. 강빈은 황량한 풍경을 보다가 문득 궁금증이 일었다.

'오랑캐 청나라는 거친 땅에서 어떻게 막강한 힘을 키웠을까? 조선은 왜 전쟁에서 졌을까?'

의문은 넝쿨처럼 뻗어 나갔다.

'청나라에서 포로들은 어떻게 살아갈까? 조선 왕실과 조정의 잘못으로 인해 죽음의 구렁텅이로 내몰린 백성들을 도울 방법은 없을까? 세자빈으로서 나는 무얼 해야 할까?'

어느 날, 강빈이 골똘히 생각에 잠겨 있을 때였다. 향이가 달려와 기쁜 소식을 전했다.

"세자빈마마, 원손 아기씨가 살아 계신답니다. 한양 궁궐로 가셨답니다."

"정말이냐? 거짓말이 아니렸다!"

"예, 제가 어찌 거짓을 말하겠습니까?"

향이와 옥련이가 배시시 웃었다.

강빈은 눈물을 또르르 흘렸다. 이제껏 강빈은 백성들에게 염치가 없어서 자식 걱정을 억누르고 있었다.

"저하, 우리 원손은 씩씩하게 자랄 거예요. 그렇지요?"

"물론이오. 그러니 빈궁도 기운 차리세요. 풀 죽은 빈궁은 빈궁답지 않소."

소현세자가 따사로이 다독였다. 소현세자도 원손이 무사하다는 소식에 한시름 놓았는지 모처럼 미소를 지었다.

강빈은 그제야 마음이 풀렸다. 소현세자의 말이 옳았다. 풀 죽어 있는다고 포로 신세에서 벗어날 수 있는 게 아니었다. 슬퍼한다고 문제가 해결되지 않았다. 청나라를 진짜 이기는 법은 저들을 뛰어넘는 것뿐이었다. 그때까지 결코 절망해서는 안 되었다. 강빈은 후우 숨을 크게 내쉬고는 자신에게 의욕을 북돋워 주었다.

'한 나라의 세자빈으로서 볼모가 된 것은 치욕스러운 일이지만 이 치욕 때문에 나는 다른 나라에도 가게 됐어. 조선 땅을 넘는 왕실 여인이 된 거야. 아주 특별한 기회를 얻은 셈이니 이 시간을 헛되이 보내선 안 돼.'

강빈은 가마 쪽창을 한껏 열어젖혔다. 어느새 계절이 바뀌어 싱그러운 봄이었다. 봄빛 완연한 만주 땅이 드넓게 펼쳐져 있었다.

청나라로 끌려가는 북행길은 두 달간 이어졌다. 강빈이 심양성에 닿았을 때였다. 용골대가 다가오더니 불쑥 강빈의 가마 앞을 가로막았다.

"세자빈은 가마에서 내려 말을 타시오."

강빈은 깜짝 놀랐다. 조선에서는 여자들이 말을 타지 않았다. 특히 존귀한 왕실 여인에게 말타기란 있을 수 없는 행동이었다.

"이 무슨 해괴한 짓이오? 그 요구는 조선 예법에 어긋나므로 받아들일 수 없소."

"맞소, 어찌 감히 세자빈마마에게 망측한 일을 하라는 거요."

소현세자가 따지고 신하들이 항의했다.

"저 오랑캐가 감히 우리 마마를 모욕하다니!"

옥련이와 향이도 용골대와 그 옆에 딱 붙어 있는 정명수를 노려봤다. 그자들은 강빈을 웃음거리로 만들려는 게 분명했다.

"이곳은 청나라요. 황제가 계신 성안에서는 왕비도 가마를 탈 수 없단 말이오. 그러니 청나라 예법을 따르시오."

용골대도 막무가내로 물러서지 않았다.

강빈은 주위를 둘러봤다. 소현세자와 일행 모두가 지친 기색으로 멈춰 있었다. 시간을 끌면 끌수록 사람들의 고통이 커질 수밖에 없었다.

"마마, 저 몹쓸 오랑캐 장수가 헛소리를 지껄이는 겁니다. 절대로 저자의 말을 귀담아듣지 마세요."

옥련이가 강빈의 마음을 눈치채고 속닥였다.

강빈은 용골대의 말을 새겨보았다.

'말을 타느냐, 마느냐. 조선의 예법이냐, 청나라의 예법이냐.'

강빈은 첫 선택의 갈림길에 서 있었다.

'내 것만 소중하다고 우기는 게 옳을까? 남의 것도 존중해야 하지 않을까?'

사실 볼모인 강빈에게 선택의 자유는 없었다. 강빈이 계속 고집부리면 용골대는 강빈을 가마에서 끌어낼 수 있었다. 그렇다고 용골대가 하라는 대로 순순히 복종할 순 없었다.

'좋아, 청나라 문화와 풍속을 존중하자. 그러면 저들도 우리를 존중하고 우리 문화와 풍속을 함부로 무시하지 못할 거야.'

강빈이 가마에서 내리자 신하들은 차마 볼 수 없다는 듯 고개를 돌렸다.

"마마, 아니 되옵니다."

"저 오랑캐 놈들이 우리를 오랑캐로 만드는구나. 아, 이를 어찌하면 좋을꼬!"

몇몇 신하는 큰일이라도 난 듯 호들갑을 떨었다. 강빈은 그 신하

• 새겨보다 : 다시 곰곰이 생각해 보다.

들을 향해 엄하게 꾸짖었다.

"말을 타는 게 뭐 별거요? 나라를 잃은 것보다 더 큰일이겠소? 앞으로 청에서 살다 보면 크고 작은 일에 부딪힐 텐데 그때마다 조선 예법만 고집하며 소란 피울 수는 없소."

신하들은 즉시 입을 다물었다. 강빈은 몸을 돌려 대수롭지 않다는 듯 용골대에게 말했다.

"내가 탈 말이 어느 것이오? 내게 말을 주시오!"

강빈의 목소리에는 위엄이 넘쳤고 눈빛은 당찼다.

용골대는 흠칫했다. 이제껏 그는 세자빈을 곱고 연약한 왕실 여인, 힘없는 나라의 인질로만 여기며 우습게 대했던 것이다. 조선 세자빈으로서의 위풍당당함에 움찔한 용골대는 공손한 태도로 말을 대령했다.

강빈은 성큼 말 위에 올랐다. 그 순간, 강빈은 화들짝 놀랐다. 눈앞에는 세상이 시원하게 펼쳐져 있었다. 강빈이 조선에서 탔던 가마는 작은 쪽창만 나 있거나 그마저도 천으로 가릴 때가 많았다. 그래서 가마 안에서는 바깥을 보는 시야가 낮고 좁았다. 그런데 말 위에서 보는 세상은 가마 안에서 보던 세상과 확연히 달랐다. 똑같은 세상이건만, 눈앞이 탁 트여 더 넓고 더 크게 보였다.

강빈 일행이 심양에 도착했을 때는 어느덧 4월 초였다. 심양은 청나라의 수도이자 요동의 중심 도시였다. 그래서인지 한양보다 훨씬 번화했다. 몇 년 전부터 지어서 지난해에야 완공했다는 청나라 황궁은 으리으리했는데, 붉은 외벽과 황금빛 지붕이 황제의 권세를 드러내고 있었다. 황궁 앞으로는 도로가 뻗어 있고, 그 양쪽에 벽돌로 지은 건축물이 늘어서 있었다. 널찍한 도로에는 수레가 끊임없이 오가고, 반듯한 거리에는 상점이 즐비하여 활기가 넘쳤다.

강빈과 함께 끌려온 사람들은 청나라 황궁의 남쪽에 있는 심양관에서 볼모 생활을 시작했다.

"오랑캐 소굴에서 살 수 있을까요?"

옥련이가 한숨을 쉬며 넋두리했다.

"언제까지 볼모로 살까요? 조선엔 영영 못 가겠지요."

씩씩한 향이도 시무룩이 중얼거렸다.

물론 강빈도 조선이 그리웠다. 하지만 마냥 슬퍼하고 있을 수는 없었다. 강빈은 살아갈 방법을 찾기 위해 심양을 더 꼼꼼히 살폈다. 그날 강빈은 소현세자와 긴 이야기를 나누었다.

"심양의 첫인상이 놀라웠습니다. 청나라는 오랑캐 나라여서 못 살 줄 알았거든요. 그런데 심양이 한양보다 더 번성하고 거리엔 상점이 빽빽합니다."

"나도 그리 생각했소. 청나라가 명나라를 위협할 만큼 성장한 데는 이유가 있을 거요. 나는 명나라, 청나라, 조선의 관계를 잘 살피려 하오. 그래야 이 치욕에서 벗어날 수 있을 테니까."

"그러세요. 저도 저하를 돕겠습니다."

강빈과 소현세자가 굳게 마음먹었지만 심양관에서의 생활은 녹록지 않았다. 소현세자는 패전국˙의 왕세자로서 갖은 서러움을 겪었다. 청 황실의 각종 행사에 참석하고, 황제의 사냥도 따라가야 했다. 게다가 청나라는 툭하면 소현세자를 다그쳤다.

"조선은 왜 항복 조건대로 하지 않소? 세자가 제대로 해결하시오."

하지만 인조는 청과의 문제를 직접 풀려고 하지 않았다.

"세자가 맡아라. 나는 오랑캐 청과 상대하고 싶지 않노라."

그래서 소현세자는 조선과 청나라 사이에서 정치·외교 문제가 생기면 충돌을 막는 중재자 역할도 했다. 또한 소현세자는 청에 끌려온 신하들의 생명을 구하고, 조선인 포로들을 보호하는 데도 힘썼다. 어느덧 심양관은 조선과 청나라를 잇는 대표 기관이 되었다.

˙패전국(敗戰國) : 싸움에 진 나라

심양관에는 대식구가 살았으므로 살림살이가 늘 쪼들렸다. 조선에서 식량과 물건을 보내 주고, 청나라에서 생활비를 주었으나 턱없이 부족했다. 소현세자가 이를 안타까워할 때마다 강빈은 웃으며 말했다.

"저하는 정치와 외교 활동에 힘쓰셔요. 심양관 살림을 아껴서라도 그 뒷바라지를 할 테니까요."

심양에서도 옥련이와 향이는 강빈에게 충실했다. 바깥출입이 자유롭지 못한 강빈의 손과 발, 귀와 눈이 돼 주었다. 그 덕분에 강빈은 심양의 변화를 손바닥 보듯 꿰뚫을 수 있었다.

하루는 남탑 거리에 갔던 두 사람이 굳은 얼굴로 돌아왔다.

"남탑 거리에 큰 노예 시장이 열렸습니다. 조선 사람들이 팔려 가는데 그 모습이 끔찍합니다. 사람들은 가지 않으려 저항하고, 청나라인들은 채찍질하고……."

"마마, 저들을 구할 순 없나요? 가난한 사람은 조선에 갈 수 없잖아요. 희망을 잃은 채 울부짖는 그들이 가엾어요."

향이가 눈물을 글썽거리며 말했다.

그즈음 조선에서는 포로들의 가족이 찾아와 속환금*을 내고서 포로들을 데려갔다. 청나라인들이 포로를 조선의 가족에게 되팔았던 것이다. 하지만 가난한 집안에서는 가족을 데려갈 수 없었다.

처음에는 조선인 포로 한 명의 몸값이 남자는 은자˙ 다섯 냥, 여자는 석 냥 정도였다. 그런데 갑자기 몸값이 수백 냥에서 수천 냥까지 치솟았다. 양반 사대부들이 자기 가족을 먼저 데려가려고 비싼 값을 지불했던 것이다. 어떤 벼슬아치들은 용골대나 정명수에게 뇌물까지 바쳤다. 가난한 백성들은 엄청난 속환금 때문에 가족을 구하지 못해서 발만 동동 굴렀다.

조선 포로의 설움은 심양 곳곳마다 있었다. 청나라에서 맞이하는 새해 첫날, 소현세자가 청 황실의 새해맞이 축하연에 참석했을 때였다. 악사들의 연주가 한창 흥을 돋우는데, 여악˙을 선보이던 여인들이 흘깃흘깃 소현세자를 쳐다봤다. 어떤 여인은 슬픈 표정으로 춤을 추고 어떤 여인은 눈물을 훔치며 노래했다.

'아, 조선 여인들이구나.'

소현세자는 면목이 없고 안타까워 차마 그들을 볼 수 없었다.

그날 밤, 심양관으로 돌아온 소현세자는 강빈에게 말했다.

˙**속환금(贖還金)** : 어떤 것을 도로 찾아오기 위해 지불하는 돈
˙**은자(銀子)** : 은으로 만든 돈
˙**여악(女樂)** : 궁중에서 연회를 베풀 때에 기녀가 악기를 타고 노래를 부르며 춤을 추던 일 또는 그 음악과 춤

"조선인 누구도 흥겨워한 사람은 없었소. 오직 청나라 사람들만 웃고 즐겼을 뿐이오."

강빈은 가슴이 무너져 내렸다. 그래서 더욱 마음을 다잡았다.

'어떻게 해서든 조선 백성을 구할 것이다. 그 방법을 찾을 테다, 꼭!'

국제 무역을 시작하다

청나라에 온 지 2년이 흘렀다. 그때까지 강빈은 심양관 대식구를 먹여 살리는 게 크나큰 걱정거리였다. 그런데 뜻밖의 기회가 찾아왔다.

조선 물건을 구해 주시오. 표범, 수달 등 짐승의 가죽과 꿀, 인삼 같은 특산품 그리고 무명 옷감이 필요하오.

청나라 최고의 왕족인 아지거가 보낸 편지였다.
아지거는 청나라를 세운 누르하치의 열두 번째 아들로, 막강한 힘을 가진 권력자였다. 그가 은자 5백 냥을 보내며 조선 물품 거래를 제안했다.

청나라는 유목 민족°으로 이루어져서 사람들은 농사를 짓거나 수공예품을 만드는 데 서툴렀다. 그동안은 명나라와 무역해 생활 물품을 구했지만, 두 나라가 전쟁하면서 무역 길이 막힌 것이다.

"아지거는 우리 심양관에 친밀한 왕족이 아닙니까?"

"그렇소. 그의 부탁이니 거절할 수 없구려."

"저하께서는 조선의 왕세자라 직접 나설 수 없으니, 제가 맡겠습니다."

강빈의 눈빛이 반짝였다.

강빈은 조선 물품을 구하는 책임자로 옥련이를 앉혔다. 옥련이는 봇짐장수였던 아버지의 눈썰미를 이어받은 듯했다. 금세 장사꾼으로서의 재능을 발휘했다. 상인과 상인을 연결해 조선 각지에서 특급품을 구해 왔다.

첫 거래는 대성공이었다. 아지거는 조선 물품에 흡족해했고, 강빈은 큰 이익을 남겼다. 강빈은 그 돈으로 식량을 구해 심양관의 근

° 유목 민족(遊牧民族) : 일정한 거처를 정하지 않고 물과 풀밭을 찾아 옮겨 다니면서 가축을 기르며 사는 민족

심거리를 덜었다.

"창고에 쌓인 곡식을 보니 든든하구나."

강빈이 흐뭇하게 웃었다.

그때 어떤 생각이 머릿속을 번개처럼 지나갔다. 청나라는 명나라와 몇 년째 싸워 물자난을 겪고 있었다. 또 청나라 사람들은 백성부터 황실까지 조선 물건을 좋아했다. 이런 상황을 잘 이용하면 큰돈을 벌 것 같았다. 강빈은 냉큼 소현세자에게 달려갔다.

소현세자는 신하들과 함께 차를 마시고 있었다. 모처럼 봉림대군 부부도 보였다.

"저하, 이참에 청과 무역을 트면 어떨까요? 허락하시면 제가 해 보겠습니다."

"빈궁이 장사를 하겠단 말이오?"

소현세자가 깜짝 놀라고 신하들이 펄쩍 뛰었다.

"세자빈마마, 귀하신 분께서 어찌 천한 장사를 하신단 말입니까?"

"그것도 청나라 오랑캐를 상대로요. 아니 되옵니다."

강빈은 그들에게 또박또박 반격했다.

"대신들은 아침밥을 든든히 드셨지요? 그 쌀이 어디서 났습니까? 장사로 돈을 벌어 얻은 곡식입니다. 그런데도 장사가 천하단 말입니까? 또 천한 일, 귀한 일 구분 짓지 마세요. 우리가 먹고사는 데는 천하다고 여기는 궂은일이 밑바탕이잖습니까?"

강빈의 당찬 모습에 소현세자가 빙그레 웃었다.

"그렇지만 바깥일은 남자들 몫입니다. 왕실 여인으로서 체통을 지켜야 할 분이 오랑캐와 교류한단 말입니까?"

봉림대군도 못마땅하다는 투였다.

소현세자와 봉림대군, 두 사람은 형제인데도 아주 달랐다. 소현세자는 청나라의 위세를 살피고 배울 점을 찾으려고 애썼다. 그러나 봉림대군은 청나라에 당한 수모를 잊지 않겠다며 보복의 날만 세웠다.

강빈은 봉림대군이 걱정스러웠다. 마음만 앞서 섣부른 행동을 할까 두려웠다. 청나라와의 전쟁은 두 번이면 충분했다. 또다시 백성들이 피를 흘리게 해선 안 되었다. 강빈은 나긋이 봉림대군에게 말했다.

"왕실은 백성을 위해 있어야 합니다. 백성이 없으면 나라도 없으니까요. 조선은 청나라와의 전쟁에서 숱한 백성을 잃었고, 남탑 거리에는 조선인 노예가 가득합니다. 저는 저 가엾은 백성들을 구할 수 있다면 남자 일, 여자 일 가리지 않을 겁니다."

 봉림대군은 대꾸도 못 한 채 입을 꾹 다물었다. 삽시간에 분위기가 싸늘해졌다. 그러자 봉림대군의 아내인 풍안부부인 장씨가 넌지시 남편을 두둔했다.

 "말씀은 다 옳습니다만, 조선 여인의 미덕은 삼종지도•입니다. 신하들이 하면 될 것을 왜 마마께서 직접 나서려고 하시옵니까? 왕실 여인이 장사라니, 저는 꿈도 못 꿀 일입니다."

 "왜 여자는 삼종지도만 따라야 하는가? 여자라고 못 할 게 뭔가? 난 아무것도 안 하고 멀뚱멀뚱 구경만 하긴 싫다네. 나는 세자 저하께 힘이 될 걸세."

 강빈은 왕실 예법에 무조건 순응하고 싶지는 않았다. 아닌 것은 아니라고 말하고, 고칠 것은 고치고 싶었다. 강빈은 소현세자를 향해 고개를 돌렸다. 소현세자는 미소를 지은 채 앉아 있었다.

 "저하, 허락해 주세요. 저하께서는 정치와 외교에 힘쓰시니, 저는 심양관 경제를 담당하려는 것이옵니다. 또한 여윳돈이 생긴다면 포로 속환금으로도 쓸 수 있을 것입니다. 그리고 나아가 우리 물건을

• **삼종지도(三從之道)** : 예전에, 여자가 따라야 할 세 가지 도리를 이르던 말. 어려서는 아버지를, 결혼해서는 남편을, 남편이 죽은 후에는 자식을 따라야 했음.

청에 팔면 조선의 상업도 발전할 겁니다."

강빈은 청나라에 처음 왔을 때 봤던 풍경을 떠올렸다. 심양성 거리에 늘어선 수많은 점포와 점포에 가득한 물건들을.

'우리 한양도 상업이 활발해지면 심양처럼 부유해질 거야.'

번성한 한양 도성을 떠올리니 강빈은 가슴이 뜨거워졌다. 강빈을 바라보던 소현세자가 말했다.

"빈궁의 깊은 생각과 마음 씀씀이가 고맙구려. 좋소. 빈궁 뜻대로 하세요."

흔쾌한 승낙이었다.

강빈은 조선과 청나라 간의 무역에 앞장섰다. 강빈의 지시에 따라 옥련이가 무역에 참여할 상인들을 모았다. 처음에는 조선에서 면포, 종이, 모피, 괴화 등을 가져와 청나라 시장에 팔았다. 그 뒤에 차츰 인삼, 약재, 감, 배 등으로 거래 품목을 늘렸다.

그중에서도 청 황실에 바치는 조공 물품인 조선 홍시와 배는 인기 품목이었다. 청나라인들은 만주 땅에서 나지 않는 과일을 무척

- 면포(綿布) : 무명실로 짠 천
- 괴화(槐花) : 회화나무의 꽃을 한방에서 이르는 말

좋아했다. 달콤한 홍시와 아삭아삭한 배를 한번 맛본 청 황실 사람들과 세력가들은 천상의 맛이라고 극찬하면서 줄기차게 주문했다. 강빈은 청나라인의 취향과 입맛을 파악해 홍시가 없을 때는 곶감으로 대체하는 등 무역 물품을 구하기 위해 발 빠르게 움직였다.

물론 처음부터 무역이 순조롭진 않았다. 조선 상인들은 조정의 눈치를 보며 물건을 주지 않았고, 간신히 얻은 물건을 청나라로 가져오는 것도 어려웠다. 물건이 썩거나 망가지기 일쑤였다. 더 큰 골칫거리는 청나라 상인의 텃세였다.

"너희 때문에 우리가 망한단 말이야."

"황실을 믿고 거저먹으려 들어? 심양 시장에서 장사하려면 자릿세를 내."

청나라 상인들은 터무니없이 행패를 부렸다. 어떤 상단•은 압록강을 건넌 조선 상인들을 쫓아냈고, 어떤 장사치들은 한밤중에 조선 물품 거래처를 엉망진창으로 짓뭉갰다.

강빈은 화가 났으나 청나라 상인들을 설득했다.

"조선 물건과 청나라 물건을 함께 팔아 보시오. 품질 좋은 조선 물건은 비싸게, 흔한 청나라 물건은 싸게 팔면 되잖소. 상품이 다양

• **상단(商團)** : 중국에서, 상인 단체가 시장을 지키려고 스스로 조직한 일종의 사설 군대

하면 손님도 많아질 것이오."

강빈은 규모가 큰 청나라 상단과는 나라 간의 거래를 약속했다.

"이곳 물건을 조선에서 팝시다. 청나라에는 조선 양반에게 필요한 물건이 많으니, 밑지는 거래는 아닐 것이오."

강빈의 제안에 청나라 상인들은 고개를 끄덕였다. 청나라 사람들이 워낙 조선 물건을 좋아했고, 강빈의 무역을 청 황실에서 인정했기 때문이다.

"조선 특산품이 최고야, 최고!"

"집안 곳곳을 조선 물건으로 장식해야겠어."

청나라 사람들은 조선 물품에 열광했다. 왕족과 부유층에서는 조선풍이 유행할 정도였다.

어느덧 심양관은 사람들로 발 디딜 틈 없이 북적거렸다. 자연스레 국제 무역 시장이 만들어지고, 심양관은 조선과 청나라의 무역 거래소가 되었다. 강빈은 엄청난 재물을 모았다.

"저하, 이번 장사에서 번 돈입니다. 외교 활동에 쓰세요."

"저하, 이 돈을 포로들의 속환금으로 쓰세요."

강빈은 아낌없이 큰돈을 내놓았다. 포로에서 풀려난 백성들은 기뻐하며 조선으로 향했다.

그러나 강빈의 무역을 못마땅해하는 사람도 많았다. 청나라를 적으로 여기는 신하들은 혀를 끌끌 찼다. 그들의 눈에는 청나라 조정과 친밀히 외교 활동을 펴는 소현세자와 청나라 사람들과 무역하는 강빈이 배반자처럼 보였다.

'어떻게 적과 한통속이 될 수 있느냐 말이야!'

그러고는 인조에게 강빈의 활동을 낱낱이 보고했다.

"전하, 세자빈마마가 오랑캐와 장사를 하며 그들과 가까이 지낸다고 하옵니다."

"뭣이라? 몹쓸 것! 세자빈에게 당장 그만두라고 하라."

인조는 노발대발했다. 삼전도에서 치욕을 당한 인조에게 청나라는 영원한 적이었다. 인조가 섬길 중국은 오로지 명나라뿐이었다. 심양과 조선의 거리만큼 강빈과 인조의 사이도 멀어지고 있었다.

남탑 거리의 노예 시장

그러던 어느 날, 용골대가 찾아와 청 황제의 명을 전했다. 심양관 생활 4년째일 때였다.

"더는 심양관에 식량을 대 줄 수 없소. 땅을 줄 테니 직접 농사지어 먹고사시오."

갑작스러운 지시에 신하들이 거세게 반대했다.

"청에서 식량을 안 주면 우린 어떻게 살란 말이오?"

"어허, 조선에 안 보내려는 수작이구먼. 저 명령을 따르지 맙시다."

"그럼요. 우리가 청나라 땅을 받으면 조선에는 돌아가지 못할 거요."

신하들이 술렁거리자 정명수가 콧방귀를 뀌며 쏘아붙였다.

"당신네가 여기에 온 지 몇 해요? 언제까지 청 황실에서 얻어먹으려는 거요? 죄다 도둑 심보를 가졌소?"

"저, 저놈이!"

신하들은 얼굴이 시뻘게져 정명수를 노려봤다. 하지만 냉큼 덤벼들어 혼을 내지 못했다. 정명수에게 밉보이면 목숨이 간당간당할 수 있었다.

강빈은 용골대의 통보를 잠자코 들으며 생각했다. 청나라인들은 초원에서 유목하며 살아서 농사짓는 데는 어설펐다. 하지만 조선 사람들은 예로부터 농사지으며 살아서 농사 기술이 탁월했다.

'못 할 게 뭐 있어! 청나라는 지금 전쟁과 흉년으로 식량 문제가 심각해. 이럴 때 조선의 농사 기술을 보여 주는 거야. 또 청에 기대지 않고 우리 스스로 식량을 해결하면 저들도 우리를 덜 속박할 거야.'

용골대가 돌아가자마자 강빈은 반대하는 신하들에게 의견을 내놓았다.

"청나라 제안을 받아들입시다. 농사짓기는 절호의 기회입니다."

"누가 농사를 짓는단 말입니까?"

"그동안 번 돈으로 조선인 포로를 구하면 됩니다. 그들에게 농사를 짓게 하는 거지요."

강빈은 조선인 포로들을 잊지 않고 있었다. 아직껏 노예 시장에서는 백성들이 사고팔렸다.

"옳거니, 나는 빈궁 말에 찬성이오!"

소현세자가 재빨리 맞장구쳤다. 강빈은 자신감이 쑥 올랐다. 의견을 내놓을 때마다 힘이 돼 주는 소현세자가 몹시 든든했다. 강빈이 신하들을 바라보자 몇몇 신하도 덩달아 반겼다.

"백성을 구하고 농사도 짓고, 일거양득입니다."

"맞습니다. 두 마리 토끼를 잡는 셈이지요."

이튿날, 강빈은 옥련이와 향이를 앞세우고 남탑 거리로 갔다.

"노예 사세요, 노예! 튼튼하고 일 잘하는 노예가 많아요!"

"살림도 잘하는 조선 여인을 사 가시오!"

노예 시장은 사람을 사고파느라 시끌벅적했다. 만주족인 청나라 인들은 한인•, 몽골인, 조선인 노예를 짐승처럼 취급했다. 노예들은

• 한인(漢人) : 중국 본토에서 예로부터 살아온 '한족'에 속하는 사람. 만주족을 중심으로 이루어진 청나라는 한족을 지배했음.

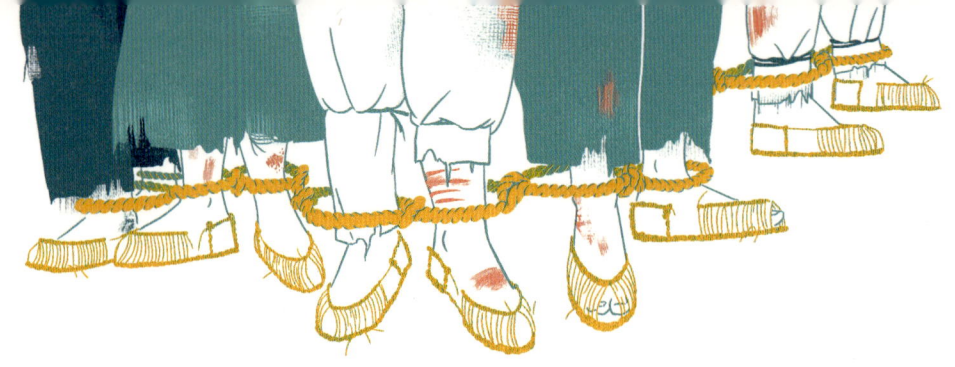

머리 모양새와 옷차림으로 그 출신을 구분할 수 있었다. 그렇지만 노예들의 몰골은 하나같이 처참했다. 몸에는 매 맞은 흔적과 상처 딱지가 가득했다. 그들은 서로 발목이 묶인 채 늘어서 있었다.

"한인은 50냥, 조선 사람은 1백 냥이오."

"조선인은 왜 비싼 거요?"

"그걸 몰라서 묻는단 말이오? 조선인은 바지런하고 꾀부리지 않아요."

청나라 사람들은 노예를 물건인 양 흥정했다. 강빈은 가슴이 아팠다. 먼 타국까지 끌려와 고생하는 사람들이 안쓰러웠다.

강빈은 조선인 노예가 모인 곳에서 멈췄다. 그들은 얼마나 굶주렸는지 뼈만 앙상했다.

"조선 사람이오? 나와 가겠소?"

"예? 예, 이 생지옥에서 벗어난다면 어디든 가겠습니다."

"옥련아, 이 사람의 몸값을 치러라."

강빈은 삐쩍 마른 사내를 노예의 굴레에서 풀어 줬다. 그러고는 쿨룩쿨룩 기침을 해 대는 노인과 댕기 머리 처녀도 구했다.

"마마, 왜 젊고 튼튼한 사내들은 지나치십니까? 농사를 지으려면 일 잘할 사람을 고르셔야지요."

그 모습을 본 향이가 강빈에게 속삭였다. 하지만 강빈은 고개를 저었다.

"아니다. 이 사람들을 먼저 데려가야 한다. 건강한 사람은 좀 더 버티지 않겠느냐."

강빈의 말에 옥련이와 향이가 눈시울을 붉혔다.

"마마의 깊은 생각을 미처 알지 못했어요. 역시 마마는 다르다니까요."

어느덧 세 사람이 남탑 거리의 끝머리에 이르렀을 때였다.

"마마, 이 아이를 사 가세요! 이 아이 좀 데려가 주세요!"

한 아낙네가 큰 소리로 강빈을 불렀다.

아낙네는 남자아이와 손을 잡고 있었다. 강빈은 그들에게 다가갔다. 자식을 구하려는 어미의 절박한 마음이 안쓰러웠다.

"아들인가 보군. 몇 살인가?"

강빈이 묻자 아낙네가 재빨리 남자아이에게 물었다.

"애야, 몇 살이랬지? 열한 살?"

"열두 살이요."

남자아이가 쭈뼛거리며 대답했다.

강빈은 깜짝 놀랐다. 옥련이와 향이도 눈을 뚱그렇게 뜨고 아낙네와 아이를 바라봤다.

"자네 아들이 아닌가?"

"예, 조금 전에 이곳에서 만난 아이입니다. 어린애가 먼 타국까지 끌려온 게 하도 딱해서 마마를 부른 거예요. 마마, 이 아이를 구해 주셔요."

아낙네가 남자아이를 앞쪽으로 세웠다. 강빈은 겁에 질린 아이에게 다정스레 물었다.

"네 부모님은 어디 계시느냐?"

"청나라 군사들이… 죽였어요. 우리 집을 불태우고 나를 잡아 왔어요."

남자아이가 훌쩍이며 대꾸했다.

"에구, 가엾어라. 에구, 불쌍해라."

아낙네가 남자아이의 등을 토닥였다.

"애야, 우리랑 같이 가겠느냐?"

강빈이 남자아이에게 물었다. 아이는 옷소매로 눈물을 훔치며 고개를 끄덕였다.

"정말 잘됐구나. 마마, 고맙습니다."

아낙네가 환히 웃었다. 그녀는 어려움 속에서도 남을 먼저 챙기는 마음씨 고운 아낙네였다.

강빈은 자기 일처럼 기뻐하는 아낙네에게 물었다.

"고향이 어디요?"

"강화도입니다. 그래서 여기에서는 다들 강화댁이라고 부르지요."

아낙네의 대답에 강빈은 얼굴빛이 샛노래졌다. 강빈이 포로로 잡힌 곳이 강화도였기 때문이다. 그때 양반가 여인들은 정절을 지키기 위해 스스로 목숨을 끊었고, 많은 여인이 끌려왔다더니 그 소문이 사실이었다. 강빈은 여인에게 조심스레 물었다.

"아이들도 있겠구려."

"그럼요, 셋을 두었습니다."

아낙네가 울먹였다. 아이들을 보고 싶은 마음이 간절해 보였.

강빈도 서글퍼지면서 그리움이 솟구쳤다. 강빈 역시 조선에 있는 아이들이 생각났기 때문이다. 강빈은 하루에도 수천 번씩 한양 궁궐을 향해 어미의 정만 띄우고 있었다.

전쟁의 비극은 어린아이들까지 덮쳤다. 부모와 자식이 이별하고, 아이들은 엄마의 사랑 없이 자라고 있었다. 강빈은 가엾은 아이들에게 엄마를 돌려주고 싶었다.

"내가 속환해 줄 테니 고향에 가겠소?"

"예에?"

아낙네가 화들짝 놀랐다. 그러다가 주르륵 눈물 흘리며 머리를 가로저었다.

"돌아가 봐야 소용없어요. 집안에서 저를 받아 주지 않을 거예요."

강빈의 심장이 덜컥 내려앉았다. 여인의 말뜻을 알 수 있었다.

'환향녀!'

환향녀는 고향에 돌아온 여자라는 뜻으로, 청나라로 끌려갔다가 다시 조선으로 돌아간 여인을 이르는 말이었다. 하지만 그 말에는 정절을 지키지 못한 여인들을 수치스럽게 여기는 마음과 비난이 담겨 있었다. 그러므로 환향녀란 청나라의 포로가 되었던 여인들에게 붙이는 괴상한 꼬리표였다.

"저는 돌아갈 수 없는 몸이에요. 아이들한테 가고 싶지만 아무도 반기지 않을 겁니다."

아낙네는 엉엉 서럽게 울었다.

"자네 잘못이 아니네. 자네는 귀하고 귀한 사람이니 절대로 부끄러워하지 말게."

강빈이 아낙네의 어깨를 토닥였다. 애꿎은 여인들이 상처 입는 게 너무나 안타까웠다.

"강화댁, 나랑 함께 가세. 이 지옥에서 빠져나가세."

강빈은 강화댁의 손을 꽉 움켜잡았다. 강화댁은 그 순간 오묘한 느낌에 몸을 떨었다. 강화댁은 청나라에서는 사람대접을 받지 못하는 노예였고, 남자만 귀히 여기는 조선에서는 하찮은 여자일 뿐이었다. 그런데 자신을 위해 주는 강빈의 격려와 함께 손으로 전해진 따사로운 기운이 가슴속에 화톳불•로 켜졌다. 그 화톳불은 어두운 밤을 밝히고 추위를 몰아내는 불꽃이었다.

강빈은 다시 한번 노예 시장을 훑으며 먼저 구해야 할 조선인들을 찾아냈다. 밑천이 떨어질 때까지 멈추지 않았다.

해가 질 무렵, 남탑 거리를 빠져나가는 조선인 행렬은 장관이었다. 남자아이의 손을 잡은 강빈이 앞장서고, 옥련이와 향이와 강화댁이 나란히 걷고, 그 뒤를 조선인들이 줄줄이 따라갔다. 그들의 걸음새는 모두 씩씩하고 당찼다.

한동안 강빈은 조선인 노예를 구하는 데 힘썼다. 조선 왕실의 한 사람으로서 백성을 책임지기 위해 노력했다. 그 소문은 빠르게 퍼져 나갔다. 그러자 청나라 사람들이 사방에서 조선인을 끌고 왔다.

•**화톳불** : 한곳에 장작 등을 모으고 피워 놓은 불

"마마, 제발 저를 데려가 주세요."

"세자빈마마, 저도 좀 사 가세요."

조선인들은 강빈에게 애타게 사정했다. 강빈도 한 명이라도 더 구하고 싶었다. 하지만 심양관의 재물로는 한계가 있었다.

"조금만 버티시오. 내가 다시 찾아오겠소."

강빈은 그 말밖에 할 수 없었다.

청나라 땅에서 부르는 풍년가

청나라에서 준 땅은 야리강 동남쪽의 왕부촌 1백 50일 갈이*, 노가촌 1백 50일 갈이, 사하보 1백 50일 갈이, 사을고 1백 50일 갈이였다. 모두 합하면 6백 일 갈이로 광활한 대농장이었다.

"저길 보게. 모두 우리 땅이네."

강빈은 조선인들에게 심양 부근에 있는 드넓은 벌판을 보여 주었다. 강빈이 가리키는 손끝을 좇아 사방을 둘러보던 조선인들이 눈을 휘둥글렸다. 그 벌판은 바다처럼 거칠 것 하나 없이 펼쳐져 있었고, 까마득한 저 너머에 하늘과 맞닿은 지평선이 보였다.

* 갈이 : 논밭 넓이의 단위로, 소 한 마리가 하루에 갈 만한 넓이를 뜻함.

"이렇게 넓은 땅은 처음 봅니다. 열심히 농사지으면 굶지 않겠어요!"

"암, 그뿐인가. 이 땅은 우리에게 기쁨도 안겨 줄 거야. 그러니 힘내세!"

"예, 마마!"

노예에서 벗어난 조선인들은 만주 대륙에 희망의 씨앗을 뿌렸다. 거친 황무지를 뒤엎어 옥토로 바꾸고, 땅을 갈고, 억센 잡초를 뽑아내고, 해충을 없애면서도 농부들은 싱글벙글했다. 절로 콧노래를 흥얼거렸다.

강빈은 농사짓기 전부터 철저히 계획하고 준비했다. 대충 어림짐작하지 않고 중국인들에게 농사 정보를 얻었다. 심양 땅을 파악하고, 그 땅에 적합한 농사법을 알아내고, 청나라인이 많이 찾는 작물을 집중적으로 키웠다.

그다음에는 청나라인이 좋아할 만한 조선 채소를 재배했다. 조선에서 품질 좋은 씨앗을 가져오고, 튼튼한 소와 성실한 농사꾼으로 농사를 지었다.

강빈은 기회가 될 때마다 한인 농사꾼을 조선인 농사꾼으로 대체했다. 각 농장에는 책임자를 두어 관리했고, 농부들의 의욕도 높여 주기 위해 부지런한 일꾼에게는 푸짐한 상을 주었다. 이렇듯 농장을 체계적으로 꾸려 나간 강빈은 탁월한 경영인이었다.

또한 강빈은 솔선수범하는 지도자였다. 지시만 하는 게 아니라 농부들과 함께 직접 채소밭을 가꾸고 가축을 키웠다.

"마마, 밭에서 나오셔요. 옷에 거름이 묻습니다. 몸에 냄새가 뱁니다."

거리낌 없이 곡괭이와 호미를 든 강빈을 볼 때마다 농부들은 소스라쳤다.

"거름 냄새가 배면 어떤가. 이 똥과 오줌은 땅을 찰지게 만들 영양분이야. 이게 썩어 곡식을 키울 텐데 뭐가 고약해. 흠흠, 참 좋은 자연의 향이구먼!"

"맞습니다. 최고의 향수입니다."

강빈을 돕는 옥련이도 땀을 씻으며 맞장구쳤다. 그러면 향이는 구역질하는 척하며 코를 움켜쥐었다.

"우웩! 마마와 옥련 언니는 거짓말도 잘하셔."

농부들은 한바탕 웃고는 하나같이 강빈을 칭송했다.

"고마우신 세자빈마마! 하늘이 주신 우리 마마!"

강빈은 장차 조선의 왕비가 될 고귀한 신분이었다. 그토록 지체

높은 왕실 사람이 손에 물집이 잡히도록 일하니, 농부들은 감격할 뿐이었다.

"중국 농부에게도 우리 농사법을 알려 주게. 조선이든 청나라든 백성들은 고달프지 않은가. 저들도 우리 이웃이니 서로 도우며 사세."

"예, 벌써 채소 재배법을 알려 줬습니다. 저들도 마마께 감사해합니다."

강빈이 건너편을 쳐다보자 만주족 농부들이 허리를 숙였다.

강빈이 심은 희망 한 톨은 조선 농부들의 땀으로 꽃을 피우고 정성으로 열매를 맺었다. 그해 가을, 첫 농사는 대성공이었다.

"사하보에서 기별이 왔습니다. 풍작이라며 마마께 가을 들판을 보여 드리고 싶대요."

향이의 말소리가 밝디밝았다.

"아무렴, 가야지! 모처럼 저하와 나들이해야겠구나."

강빈은 마구간에서 흰말과 갈색 말을 내왔다. 강빈은 흰말의 갈기털을 쓰다듬었다.

"아니, 말을 타고 가려는 거요? 마차를 안 타고요?"

어느 틈에 소현세자가 다가와 황당한 눈빛을 던졌다.

"사하보까지는 40리가 넘는데 어느 세월에 마차를 타고 가겠어요. 게다가 오랜만에 말이 타고 싶습니다. 저하, 흰말을 보면 생각나는 것 없으십니까?"

강빈이 슬쩍 떠보자 소현세자가 대답했다.

"그야 내가 탄 말이 흰말이었잖소. 우리가 만난 첫날에 말이오."

"어머나, 기억하시는군요!"

강빈이 활짝 웃었다.

"어찌 잊겠소. 빈궁이 나무 위에 서서 다홍색 치맛자락을 휘날렸거늘. 참 당돌한 아가씨였지, 하하하!"

새파란 하늘은 높디높고 햇살은 따사로웠다. 강빈과 소현세자는 말을 달렸다. 널따란 들판을 달리자 답답했던 가슴이 뻥 뚫렸다.

사하보에 다다랐을 때였다. 소현세자가 강빈에게 외쳤다.

"빈궁, 저 황금빛 들판을 보시오!"

강빈은 소현세자 곁으로 다가와 말을 멈췄다.

쏴~아~ 쏴~아~! 쏴~아~ 쏴~아~! 사하보 너른 들판이 파도쳤다. 황금빛 물결이 일렁였다.

"저하, 황금 알곡이 춤을 춥니다."

"그렇구려. 기쁨의 춤을 추는구려. 빈궁, 장하오! 그대가 맺은 결실이오."

"아닙니다. 조선 백성이 이룬 기적입니다. 이것이야말로 적의 땅에서 거둔 진정한 승리가 아니고 무엇이겠습니까?"

강빈이 한껏 목청을 돋워 말했다.

"마마, 볼만하십니까?"

"세자 저하, 갈바람에 곡식이 혀를 빼물고 자라더이다!"

저만치 논두렁에서 농부들이 외쳤다.

소현세자도 큰 소리로 화답했다.

"장관이네, 장관! 천하제일의 풍광이야. 이 세상에서 가장 볼만한 것이로세."

강빈은 백성들이 자랑스러웠다. 그들은 전쟁의 희생양이지만 좌절하지 않았다. 절망하지 않고 끈질기게 버티고 견뎠다. 그 덕분에 만주 벌판의 기적을 이룬 것이다.

"저하, 언젠가 고국으로 돌아가도 오늘을 잊지 말아요. 조선에서도 황금빛 세상을 만들어요."

"약속하오. 우리가 조선의 희망이 됩시다. 우리가 새로운 조선을 꿈꿉시다."

강빈과 소현세자는 굳게 손가락을 걸었다.

풍~년일세, 풍~년일세, 만주 벌판에 풍년일세.

얼씨구 좋구나, 지화자 좋다. 내년 봄날에 꽃놀이 가자.

풍~년일세, 풍~년일세, 조선 팔도에 풍년일세.

얼씨구 좋구나, 지화자 좋다. 내년 가을에 꽃놀이 가자.

어디선가 흥겨운 풍년가가 들렸다. 추수하는 농부들이 덩실덩실 어깨춤을 추며 부르는 노랫가락이었다.

"얼씨구 좋구나~ 참말로 좋~다!"

강빈과 소현세자도 장단을 맞추어 흥얼거렸다.

그날 밤, 둥근 달이 뜨자 조선 여인들은 강강술래를 돌았다. 환한 달빛 아래서 강빈과 옥련이와 향이와 강화댁과 여인들이 빙빙 돌았다. 점잖은 소현세자도 강빈의 손을 잡고 쑥스레 맴돌았다. 행복하고 풍성한 가을이었다.

그해에 거둔 쌀은 무려 3천 석이 넘었다. 곡식의 품질도 아주 좋았다. 강빈이 청나라 시장에 내놓자 곡식은 불티나게 팔렸다.

"우리에게 쌀을 파시오!"

"값이 비싸도 괜찮소. 나에게 먼저 주시오."

청나라 땅에서 조선 농사법으로 수확한 쌀은 청나라 사람들에게 큰 인기를 끌었다.

　어느 날이었다. 심양관에 용골대가 찾아왔다.

　"우리 조정에 곡식을 파시오."

　뻣뻣했던 용골대와 뻔뻔했던 정명수가 어쩐 일인지 공손한 태도로 부탁했다.

　"명나라와 전쟁을 치르느라 군량미˙가 부족한 게요?"

　강빈이 정명수에게 묻자 그는 마지못해 고개를 끄덕였다.

　"알겠소."

　소현세자의 허락을 받은 강빈은 주저 없이 심양관 창고를 열었다. 신하들이 "조선은 명나라를 받드는데, 그 명나라를 칠 청나라 군사에게 쌀을 준다고요?" 하면서 펄쩍 뛸 게 뻔했다. 하지만 강빈의 믿음은 확고했다.

　'청나라와 좋은 관계를 유지하는 것도 훌륭한 외교 정책이야.'

　용골대가 쌀값을 두둑이 내놓고 가자 강빈이 옥련이와 향이에게 외쳤다.

　"애들아, 내일부터 다시 남탑 거리에 가자꾸나."

　"예, 마마!"

　●군량미(軍糧米) : 군대의 양식으로 쓰는 쌀

둘은 신바람 나게 대답했다. 강빈의 말이 무슨 뜻인지 알아챘기 때문이다.

"조선인이 맞소? 내가 속환해 줄 테니 조선으로 가겠소?"

"조선인이구려. 내가 몸값을 낼 것이오. 여기에 남아 농사짓겠소?"

강빈은 또다시 조선인 노예들을 구했다.

"세자빈마마는 제 생명의 은인이십니다."

"저를 죽음의 고비에서 살리셨습니다."

그들은 강빈에게 넙죽 큰절을 올렸다. 그럴 때마다 강빈은 얼굴을 붉혔다.

'내가 부끄럽소. 나라가 약해 그대들에게 고통을 주었소.'

어느새 강빈이 구한 조선 포로는 수백 명에 달했다.

의심과 오해는 깊어지고

한 고개를 넘으면 더 큰 고개가 있었다. 심양관 형편은 나아졌지만, 여전히 볼모 생활은 만만치 않았다.

"조선은 명나라 정벌●에 군사를 보내시오."

"조선은 왜 조공을 늦게 보내는 것이오?"

청 황실은 툭하면 소현세자에게 엄포를 놓았다.

한번은 용골대가 소현세자를 윽박질렀다.

"조선에서 일부러 속임수를 쓰는 거요? 우리 청나라에 복종하는 척하면서 아직도 명나라를 떠받드는 거냔 말이오. 항복 조건을 따

●정벌(征伐) : 적 또는 죄 있는 무리를 무력으로써 침.

르지 않으면 세자는 조선으로 돌아가지 못하오.”

소현세자는 함부로 화내는 사람이 아니었다. 하지만 용골대가 무례하게 굴 때는 참지 않았다.

"나는 조선의 세자요. 그대가 협박한다고 내가 꿈쩍할 것 같소?”

소현세자의 서슬에 용골대가 움찔했다.

"조선은 지금 군사로 보낼 만한 사람이 없소. 청에서 수십만 명을 인질로 끌고 왔기 때문이오. 조공도 늦을 수밖에 없소. 전쟁으로 온 국토가 짓밟혀 먹고살기도 힘드오.”

소현세자는 의연하게 사실을 알렸다. 청 황실이 조선을 의심하면 할수록 그 고통은 백성들 몫으로 돌아가기 때문이었다.

소현세자는 비굴하지도, 비겁하지도 않았다. 모든 일을 믿음직스럽게 처리해서 청 황실에서는 소현세자를 조선의 대표자로 인정하고 있었다. 용골대 역시 청나라와 조선의 중간에서 현명하게 조율하는 소현세자가 훌륭해 보였는지 느닷없이 심양관 신하들에게 들으라는 듯 외쳤다.

"차라리 조선의 임금을 세자로 바꾸는 게 낫겠군.”

"뭣이? 저, 저놈이!”

신하들의 얼굴이 새파래졌다.

강빈과 소현세자도 부르르 떨었다. 조선에는 버젓이 인조가 살아 있는데, 임금을 바꾸는 게 낫겠다니! 그 말은 입에 담아선 안 될 위험한 소리였다. 자칫 역적*으로 몰릴 무서운 소리였다.

얼마 뒤, 소현세자는 청 황제의 명령을 따라 조선군을 이끌고 명나라와의 전쟁에 나갔다. 전쟁터에서 돌아온 소현세자는 강빈에게 밤새도록 이야기를 들려주었다.

"명이 패할 날이 머지않았소. 이제 청을 상대할 나라는 없을 게요."

"조선은 실리적인 외교를 펼쳐야겠군요."

"쉽지 않을 거요. 우리가 심양에서 보는 것과 아바마마가 한양에서 보시는 것은 차이가 있으니까요."

강빈은 심양성에 도착해서 처음 말을 탔던 때를 떠올렸다. 가마 안에 앉아서 보던 세상과 말 위에서 보던 세상의 차이를.

'조선 사람들이 더 넓게 더 멀리 보면 좋을 텐데.'

소현세자의 걱정대로 인조는 강빈과 생각이 달랐다. 심양관 신하들과 봉림대군도 마찬가지였다. 소현세자와 함께 전쟁에 참여했

• **역적(逆賊)** : 자기 나라나 민족, 통치자를 반역한 사람

던 봉림대군은 이렇게 말했다.

"내가 왜 청나라 전쟁에 나가는지 아십니까? 오랑캐의 실정을 파악해 치욕을 갚으려는 겁니다. 나는 기필코 청나라에 복수할 것입니다."

그사이, 한양 조정은 벌집을 쑤신 듯 시끄러웠다.

"듣자 하니, 심양에서 괴이한 소문이 돈다는구나. 도대체 그게 무슨 소리냐?"

인조가 불같이 화냈다.

그 옆에는 후궁 조씨가 새초롬히 앉아 있었다. 조씨는 인조에게 사랑받는 후궁으로 야욕이 컸다. 그래서 자기 앞날에 걸림돌이 될 사람은 무자비하게 짓밟았다.

"세자빈이 청 황실과 가까이 지내면서 왕을 세자로 바꾸려고 은밀히 꾸민다는… 그런 흉측한 얘기가 떠돈다고 하옵니다, 전하!"

입에 담아선 안 될 위험한 말이 인조 귀에 들어갔다. 거기에 후궁 조씨가 불을 지폈고, 청나라에 적대적인 신하들이 간교한 거짓을 덧보탰다.

'청이 나를 내쫓고 세자를 왕위에 앉힌다는 거지.'

인조는 소현세자가 괘씸했다. 어느 틈에 인조는 소현세자를 정적*으로 여겼다. 인조의 의심은 점점 커졌고, 미움의 화살은 강빈에게 향했다. 강빈이 청나라에서 농사짓고 무역하여 소현세자를 뒷바라지함으로써 청 황실과 소현세자가 친밀해졌다고 믿었던 것이다.

심양의 가을은 짧았다. 아침저녁 기온이 쌀쌀하게 내려가 겨울로 치닫고 있었다. 전날 밤 꿈자리가 뒤숭숭하여 잠을 설친 강빈이 오후에 잠깐 낮잠 잘 때였다.
"마마, 세자빈마마! 한양에서 전갈이 왔습니다."
옥련이가 허둥지둥 강빈을 불렀다. 옥련이도 향이도 심양관 신하들도 서글픈 낯빛이었다.
"대감마님께서… 대감마님께서 돌아가셨답니다."
한양에서 온 소식은 아버지 강석기의 죽음이었다.
"아니야, 아버지는 나를 기다리실 거야. 절대로 믿을 수 없어."
강빈은 고개를 저으며 힘없이 혼잣말을 주절거렸다. 부랴부랴 달려온 소현세자가 휘청이는 강빈을 부여안았다. 충격에 빠진 강빈은 고국으로 달려가고 싶었다. 하지만 옴짝달싹할 수 없는 볼모의 신세였다.

● 정적(政敵) : 정치에서 대립되는 처지에 있는 사람

그 무렵 청나라는 보이지 않는 권력 투쟁으로 살얼음판이었다. 얼마 전 홍타이지가 세상을 떠났기 때문이다. 하지만 청나라의 권력 투쟁은 금세 매듭지어졌다. 홍타이지의 여섯 살배기 아들이 새 황제가 되고, 도르곤이 섭정•왕에 올라 실질적인 권력자가 되었다.

하루는 도르곤이 소현세자에게 말했다.

"세자 부부는 조선에 다녀오시오."

단, 조건이 있었다. 조선에 가는 소현세자 부부 대신, 원손과 둘째 아들이 볼모가 되는 것이었다. 엄동설한에 코흘리개 어린아이들이 인질이 되어 청으로 와야 했다. 힘없는 나라의 슬픔이며 볼모살이의 설움이었다.

강빈은 부모와 자식이 오순도순 함께 살지 못하고, 먼 땅에서 떨어져 살다가 이렇게밖에 만날 수 없다는 사실이 서글펐다. 그래도 강빈은 한달음에 조선으로 향했다. 아이들이 너무나 보고 싶어서 한 걸음이라도 빨리 가고 싶었다.

마침내 봉황성에서 강빈은 원손 석철과 둘째 석린을 만났다. 오랜만의 가족 상봉이었다.

•**섭정(攝政)** : 군주가 직접 통치할 수 없을 때에 군주를 대신하여 나라를 다스림 또는 그런 사람

"아바마마, 어마마마! 보고 싶었습니다."

"오냐오냐, 이 어미도 보고 싶었단다."

강빈은 두 아들을 꽉 끌어안았다.

"우리 아들, 씩씩해졌구나. 대견하다."

소현세자도 눈시울을 적셨다.

가엾은 왕세자 가족을 지켜보는 옥련이와 향이, 원손의 보모인 최 상궁도 옷고름을 적셨다. 눈물의 만남과 이별이었다. 두 아들과 짧게 만난 후, 소현세자 가족은 또 헤어졌다. 강빈과 소현세자는 남쪽 한양으로, 어린 두 아들은 북쪽 심양으로 떠나야 했다. 품에서 떨어지지 않으려는 두 아들을 떼어 놓자니 괴로웠으나 강빈은 이를 악문 채 발걸음을 옮겼다.

몇 년 만에 돌아온 조선이었다. 그러나 인조는 소현세자 부부를 반기지 않았다. 그뿐이 아니었다. 강빈을 아버지 묘에 못 가게 하고, 홀로된 친정어머니도 못 만나게 했다.

"아바마마, 아버지 묘에 가게 해 주십시오."

강빈은 인조에게 빌었다.

강석기는 어린 강빈이 말괄량이처럼 굴어도 허허허 웃어 주던 따사로운 아버지였다. 세자빈으로 간택되어 궁에 들어오기 전에는 궁중 예법과 왕족의 도리를 직접 가르친 스승이었다.

"아바마마, 빈궁이 친정에 가도록 허락하소서. 어머니와 딸을 만나게 하소서."

소현세자가 엎드려 사정했다.

"전하, 세자빈에게 인정을 베푸소서. 먼 타국에서 고생하다가 왔는데, 부모 자식을 못 만나게 하는 것은 가혹한 조치입니다."

"맞습니다. 아버지의 빈소를 찾아뵙는 것은 자식의 도리입니다. 어찌 막으려 하시옵니까."

조정 대신들이 간청했다. 궁궐 안은 강빈의 문제로 벌집 쑤셔 놓은 듯 시끄러워졌다. 강빈은 사람들 앞에서 애써 담담한 척했다. 남몰래 속울음만 삼키면서 인조의 명을 기다렸다. 하지만 인조는 끝내 허락하지 않았다.

'아바마마께서 너무 냉혹하시구나.'

소현세자는 안타까운 마음으로 강빈을 바라볼 수밖에 없었다.

"마마, 우리 몰래 다녀와요, 네?"

"그리하셔요, 마마. 전하의 명을 어긴 벌은 제가 받겠습니다."

보다 못한 향이가 나서자 옥련이도 거들었다.

심양에서 한양까지 수천 리 길을 왔건만, 강빈은 부모님도 만나지 못하고 청나라로 돌아가야 했다. 만남도 없이 이별해야 했다.

'아버지, 하늘에서 편히 잠드셔요.'

'어머니, 다시 돌아올 때까지 건강히 계셔요.'

강빈은 먼발치서 그리운 집을 향해 눈인사만 바쳤다.

심양으로 돌아가는 길은 눈물범벅이었다. 강빈은 참고 참았던 서러움을 한꺼번에 쏟아 냈다.

"한양에 온 걸 어머니가 아실 텐데……. 하루하루 목 빠지게 기다리실 텐데……. 이리 돌아가는 걸 알면 어머니 마음이 얼마나 아프실까. 어머니 얼굴도 못 볼 줄 알았다면 차라리 오지 말걸……. 아! 아버지, 어머니! 이 불효자식을 용서하세요."

가마 밖으로 흘러나오는 울음소리에 소현세자도 궁녀들도 흐느꼈다. 북쪽으로 거슬러 올라가는 길에는 강빈의 슬픔인 양 하얗게 얼음꽃이 돋아났다.

서양 문물에 눈뜨다

"북경으로 돌진하라! 명나라의 숨통을 끊어라!"

1644년 봄이었다. 청나라 도르곤이 군사 수만 명에게 외쳤다. 그 옆에는 소현세자도 있었다. 도르곤의 명령으로 명나라 정복에 나섰던 것이다.

따가닥 따가닥 따가닥! 청나라 군사들이 탄 말은 명나라 철옹성●인 산해관을 뚫고 만리장성을 넘어 그 심장부로 달렸다.

그즈음 명나라 지배층은 권력 투쟁에 정신이 팔려 있었고 부정

● 철옹성(鐵甕城) : 쇠로 만든 독처럼 튼튼하게 둘러쌓은 산성이라는 뜻으로, 적의 침입을 막기 위하여 미리 지키고 대비하는 견고한 사물이나 상태를 이르는 말

부패가 심했다. 거기에 흉년까지 겹쳐 백성들은 살기 힘든데, 청나라와 싸워야 한다며 온갖 세금을 거둬 갔다. 참다못한 백성들은 여기저기서 반란을 일으켰고, 그중 이자성의 농민 반란군이 북경을 점령했다. 그 틈을 노려 청나라 도르곤이 총공격에 나섰다.

한 달 뒤, 소현세자는 북경에 들어섰다. 소현세자는 청나라군이 이자성을 몰아내며 명나라가 멸망하는 현장을 생생히 목격했다. 조선이 멸시하던 청나라가 중국의 새 주인이 되는 순간이었다.

'명나라는 영원히 역사 속으로 사라졌구나. 이제 명나라에 대한 의리를 외치며 청나라를 외면하면 안 된다. 나라와 나라의 관계는 실리를 따져야 한다. 그러니 청나라를 먼저 알아야 한다. 나는 그들에게 배울 것은 배우고 얻을 것은 얻으리라.'

소현세자는 새로운 생각을 굳게 다졌다. 강빈도 소현세자와 한마음 한뜻이었다.

그해 가을, 청나라는 수도를 심양에서 북경으로 옮겼다. 심양관 식구들도 청 황실을 따라가야 했다. 심양에서 북경까지는 아득히 멀었으나 청 황제의 명령을 거역할 수 없었다.

강빈은 정든 심양을 떠나는 게 아쉬웠지만 심양관이야 북경과 한양을 오가는 조선 사신들이 쉬어 갈 관소•로 쓰이고, 심양 땅은 조선인 농부들이 남아서 일굴 테니 걱정할 필요는 없었다. 또 조선과 더 멀어지는 게 슬프면서도 한편으로는 북경에 대한 기대와 궁금증으로 흥분되었다.

한 달 뒤에야 도착한 북경은 눈부신 신세계였다. 동양과 서양의 문화가 교류하는 국제도시이며, 상업이 번창한 대도시였다. 청 황제의 궁으로 쓰일 명나라 자금성은 보는 사람마다 입을 다물지 못할 정도로 크고 화려했다.

"마마, 이곳은 별천지입니다. 신기한 서양 문물이 가득합니다."

"북경에 비하면 심양은 코딱지만 했네요."

옥련이와 향이도 입을 쩍 벌렸다.

"좋구나. 한양도 이처럼 발전했으면 싶다."

강빈은 북경에 있는 서양 문물을 구경하고 싶었다.

행운의 기회는 곧 찾아왔다. 어느 날, 청 황실에 갔던 소현세자가 벙글거리며 돌아왔다.

"빈궁, 선물이오!"

• 관소(館所) : 조선 시대에, 각 고을에 설치하여 외국 사신이나 다른 곳에서 온 벼슬아치를 대접하고 묵게 하던 숙소

소현세자가 커다란 보따리를 내밀었다. 그 안에는 서양 책과 자명종 등 신비한 물건이 들어 있었다.

"아담 샬이라는 서양인 천문학자가 준 것이오. 그는 흠천감• 책임자이며 천주교 신부라오. 오늘 밤에도 만날 건데, 빈궁도 함께 갈 테요?"

"네, 좋아요!"

강빈은 뛸 듯이 기뻤다. 서양 사람은 어떻게 생겼을까, 멀고 먼 서양은 어떤 세상일까. 상상만 해도 가슴이 쿵덕거렸다.

"조선의 왕세자빈이시지요! 기다리고 있었습니다."

강빈이 천주당에 찾아가자 파란 눈의 서양인이 반가이 맞이했다. 아담 샬이었다. 아담 샬은 강빈과 소현세자에게 서양 역법•과 천문학, 지리, 수학을 비롯해 여러 서양 과학 지식을 알려 주었다. 그 밖에도 천주학 교리•를 들려주었다.

• **흠천감(欽天監)** : 중국 명나라와 청나라 때에 천문(우주와 천체의 온갖 형상과 그 안의 법칙성), 역수(천체의 운행과 기후의 변화가 철을 따라서 돌아가는 순서), 점후(구름의 모양이나 빛, 움직임 등을 보고 운의 좋고 나쁨을 점침.) 등을 맡아보던 관아
• **역법(曆法)** : 천체의 주기적 현상을 기준으로 하여 세시(새해의 처음 혹은 한 해의 절기나 달, 계절에 따른 때)를 정하는 방법
• **교리(敎理)** : 종교적인 원리나 이치

"조선의 학문은 성리학입니다. 천주학은 새롭고 흥미로운 종교이자 학문이군요."

호기심 많은 강빈이 눈을 반득였다. 아담 샬과의 만남은 낯설지만 즐거운 경험이었다. 아담 샬은 소현세자 부부에게 천구의, 천리경 같은 서양 물건과 천주 서적, 천문학, 산학 등의 서양 과학책을 아낌없이 주었다.

"이처럼 신기한 책들이 세상에 있는 줄은 몰랐습니다. 보물 창고를 얻은 듯합니다."

강빈이 책 보따리를 안으며 감격했다.

"조선에 돌아가면 나는 새 학문을 전할 것입니다. 그리하면 우리 선비들은 마치 사막에서 학문의 전당으로 가는 양 기뻐할 것입니다."

소현세자도 잔뜩 들떠 있었다.

강빈과 소현세자는 북경의 밤거리를 거닐었다. 머나먼 이역 하늘에도 별빛은 고왔다.

"저하는 고국에서도 천리경을 본 적이 있지요?"

"오래전에 한 번 봤지요. 문신˙ 정두원이 명나라 사신으로 갔다가 천리경, 화포, 자명종 등을 가져왔었소. 그때 천리경을 무심코 눈에 댔다가 먼 풍경이 내 앞에 확 다가와 흠칫했더랬지요."

"저도 오늘 깜짝 놀랐답니다. 저하, 우리 별 구경하다 갈까요?"

강빈은 쉼터에 앉아 보따리 속에서 천리경을 꺼냈다. 우주 먼 곳의 가을 별이 천리경에 쏙 들어왔다.

"눈을 크게 뜨고, 마음을 열고, 귀를 기울이니 새 세상이 열리는군요. 하늘 저편의 별까지 눈앞으로 끌어올 수 있고요."

"내 꿈은 말이오……."

소현세자가 말을 잠시 끊었다. 그런 다음 촉촉한 목소리로 고백했다.

"우리보다 앞선 서양 문물을 조선에 뿌리내리게 하는 것이오. 조선 백성에게 드넓은 세상을 펼쳐 주고 싶소. 상상해 보구려, 조선과

- **천구의(天球儀)** : 별과 별자리를 천구 위에 놓여 있는 것처럼 표시한 천구의 모형
- **천리경(千里鏡)** : 망원경
- **산학(算學)** : 셈에 관하여 연구하는 학문
- **이역(異域)** : 다른 나라의 땅
- **문신(文臣)** : 문관(문과 출신의 벼슬아치)인 신하

청과 서양이 하나로 연결되어 오가는 모습을. 수만 마리 말과 수만 척의 배에 온갖 물품을 싣고 주고받는 무역의 길을 말이오. 나는 그리하고 싶소."

"암요, 저하께서는 충분히 하실 수 있어요. 저하는 조선의 별이 되실 겁니다."

강빈이 소현세자를 바라보며 방긋 웃었다. 그러고는 별궁에서의 이야기를 들려주었다.

"제가 세자빈으로 뽑혔을 때예요. 별똥별이 떨어지던 밤, 옥련이가 말하더군요. 조선 팔도를 다니는 보부상은 별을 보며 밤길을 걷는다고요. 별이 보부상의 길잡이가 되듯, 저하께서는 조선의 앞날을 밝히는 별이 되시라고요."

한 나라가 사라지고 한 나라가 떠오르는 격동의 시기에 북경은 그 중심지였다. 그뿐만 아니라 희망찬 내일을 꿈꾸게 하는 도시였다. 그 한가운데 강빈과 소현세자가 있었다. 아담 샬에게 받은 선물 때문일까, 소현세자와 밤길을 오붓이 거닐기 때문일까. 강빈은 가슴속이 꽉 차는 듯했다. 아름다운 북경의 가을이 깊어 가고 있었다.

북경에서의 생활에 익숙해질 무렵이었다. 햇살 좋은 초겨울 오후였다. 황궁에 갔던 소현세자가 소리치며 뛰어왔다.

"빈궁, 조선으로 갑시다. 드디어 돌아가게 되었소."

"정말입니까? 농담하시는 것 아니지요?"

강빈도 목소리를 높였다. 기쁨과 놀라움으로 몸이 후들거렸다.

"명나라가 사라졌으니 조선의 볼모가 필요 없어진 것이오."

옥련이와 향이, 봉림대군과 아내, 대신들도 서로 부여잡고 환호성을 질렀다. 청나라에 끌려온 조선인 모두가 꿈에 그리던 일이 찾아온 것이다.

마침내 소현세자와 강빈이 귀국길에 올랐다. 볼모로 끌려간 지 8년 만이었다. 북경에서 출발한 귀국 행렬이 심양관에 닿았다.

"우리가 고국으로 가는 날이 오는군요."

"한평생 포로로 살 줄 알았습니다. 마마, 꿈은 아니겠지요?"

조선인들은 잔뜩 흥분해 짓떠들었다. 그런데 조선으로 돌아가지 못하는 사람들은 슬픔에 빠져 맥을 놓았다. 조선 땅 어디에도 갈 곳이 없거나 반겨 줄 사람이 없는 이들이었다.

"저희는 세자빈마마만 의지하며 살았는데 이제는 어찌합니까?"

"마마를 붙잡고 싶지만, 저희 욕심이지요."

눈물짓는 사람들을 보며 강빈은 가슴이 저렸다.

"이것으로 터전을 잡아 살게. 고향이 그리우면 언제든지 와."

강빈은 곡식 4천 7백여 석을 주었다. 청나라에 남는 사람들을 위한 배려였다.

강빈이 다시 출발할 때였다. 한 여인이 허겁지겁 달려왔다. 몇 년 전 남탑 거리의 노예 시장에서 구해 준 강화댁이었다.

"저도 고향에 가렵니다. 아이들에게 가서 떳떳한 어미가 되렵니다."

"잘 생각했네. 그 용기라면 아이들과 행복하게 살 걸세."

"예, 아이들을 만난다니 힘이 절로 솟아요."

"나도 그렇다네. 우리 아이들과 살게 되어 아주 좋네."

강빈도 한시바삐 궁궐로 달려가고 싶었다.

"장해요, 아주머니!"

옥련이와 향이가 강화댁을 얼싸안고 깡충깡충 뛰었다.

네 여인은 조선을 향해 힘차게 발걸음을 내디뎠다. 그 뒷모습을 보며 소현세자가 혼잣말로 중얼거렸다.

"여인들이 점점 빈궁을 닮아가는군, 허허허!"

조선으로 가는 길은 기쁨의 길, 흥겨운 길이었다. 하늘을 나는 정월 대보름 연처럼 발걸음이 가뿐가뿐했다.

"세자빈마마, 저희도 데려가십시오."

"세자 저하, 저희도 고향에 가고 싶습니다."

청나라에는 아직껏 조선인 노예가 수두룩했다. 소현세자 부부가 볼모살이를 끝냈다는 소문이 돌자 조선인 노예들은 곳곳에서 탈출해 귀국 행렬에 따라붙었다.

"가세! 우리 함께 돌아가세!"

청나라 조정과 상의한 일이 아니고, 노예를 산 청나라 주인들이 달려들 수 있는 민감한 문제였다. 하지만 강빈과 소현세자는 그들을 받아들였다.

한겨울 만주 벌판의 추위는 뼛속까지 파고들었다. 그래도 누구 하나 힘겨워하지 않고 눈이 두껍게 쌓인 길을 헤쳐 나갔다. 청나라 땅에서 벗어날수록 귀국 행렬은 꼬리연의 꼬리처럼 길어졌다.

청나라 국경을 넘을 때였다. 기어코 문제가 터졌다.

"사람이 왜 이리 많은 것이오. 황실에서 보낸 문서와 다르니 문을 열어 줄 수 없소."

국경을 지키는 청나라 무관이 성문을 막았다. 청나라 조정에서 알려 준 숫자보다 귀국하는 사람이 훨씬 많았기 때문이다. 조선 백성들은 다시 붙잡히는가 싶어 벌벌 떨었다. 그때 강빈이 가마에서 내려 백성들 앞에 섰다. 그러고는 백성들을 안심시켰다.

"두려워 말게. 세자 저하께서 해결할 걸세. 자네들을 지켜 줄 거야."

강빈이 기대한 대로 소현세자는 벌써 성문을 향해 말을 몰고 있었다. 소현세자가 청나라 무관에게 호통을 쳤다.

"나는 조선의 왕세자다. 이들은 청나라에 끌려왔던 조선 백성이다. 내가 조선으로 돌아가니 우리 백성도 돌아가야 하지 않느냐? 결코 내 앞을 막지 말라."

청나라 무관은 소현세자의 기세에 움찔했다.

잠시 뒤, 조선으로 향하는 문이 활짝 열렸다. 강빈은 조선 백성들을 이끌고 그 문을 넘었다.

새로운 꿈을 약속했건만

"조선이다!"

"드디어 돌아왔다!"

압록강을 건너자 백성들이 부둥켜안았다. 어떤 이는 덩싯덩싯 춤추고, 어떤 이는 땅바닥에 주저앉아 통곡했다. 열 살 새앙각시에서 열여덟 처녀가 된 향이조차 아이처럼 꺼이꺼이 울었다.

"저희가 살아 돌아올 줄은 몰랐습니다. 세자빈마마, 건강하소서."

"세자 저하, 평안히 지내십시오. 저희는 가족한테 가겠습니다."

백성들은 기쁨에 달떠 고향으로 떠났다. 그들을 배웅하는 강빈도 코끝이 찡했다.

매서운 겨울 추위 때문일까, 볼모에서 풀려나 긴장이 풀린 걸까. 소현세자가 몸살을 앓았다.

"저하, 버거운 짐을 털어 버리세요. 고국에 왔으니 좋은 일만 가득할 거예요."

강빈이 위로하자 소현세자가 빙그레 웃었다.

"아무렴요. 아바마마를 뵈면 싹 나을 것이오."

귀국 행렬이 대동강에 이르렀다. 그때 몇 여인이 슬며시 강기슭으로 내려갔다. 여인들은 강물에 몸을 씻었다. 강빈이 무슨 일인가 싶어 보는데, 강화댁이 머뭇거리며 다가왔다.

"세자빈마마, 이곳에서 작별 인사를 올리렵니다."

"왜? 강화와 한양의 갈림길은 좀 더 가야잖은가?"

"예……. 저는 여기서 할 일이 있거든요."

강화댁이 강빈에게 허리 숙여 인사했다. 그러고는 강빈이 말릴 새도 없이 강가로 갔다.

"이 추위에 저 여인들이 왜 강에 가는 것이냐?"

"회절강에 몸을 씻는 것입니다. 절개를 회복하는 강이래요. 사람들이 인질로 끌려갔던 환향녀를 받아들이지 않자 전하께서 명하셨답니다. 회절강에서 씻으면 모든 허물이 사라진다고요."

옥련이의 대답 끝머리에 향이가 분통이 터지는 듯 덧붙였다.

"하지만 절개를 잃었다며 비난받고, 남편에게 버림받아 스스로 목숨을 끊는 여인이 많답니다. 환향녀가 낳은 아이는 호래자식*이라고 불리며 차별당하고요."

"적국*에서 고생한 여인들이다. 그들을 따사로이 반기지는 못할망정 손가락질한단 말이냐? 천대하고 구박하다가 집에서 쫓아낸다고?"

강빈은 어처구니없었다. 눈으로 강을 더듬어 보니 강화댁은 보이지 않고, 숱한 여인들이 희뿌옇게 어른거렸다.

'전쟁의 상처는 몇 년이 흘러도 아물지 않는구나.'

강빈은 환향녀들이 떳떳이 살고, 강화댁이 행복하기를 빌었다.

마침내 청에서 출발한 무리가 한양에 닿았다. 조선 포로들을 데려오는 소현세자 부부는 개선장군 같았다.

"세자 저하가 돌아왔다!"

"세자빈마마가 백성들을 구해 왔다!"

---

* 호래자식 : 배운 데 없이 자라 교양이나 버릇이 없는 사람을 낮잡아 이르는 말
* 적국(敵國) : 전쟁 상대국이나 적대 관계에 있는 나라

백성들이 거리로 뛰쳐나오며 환호했다. 어떤 백성은 눈물을 훔치며 감격스러워했다.

강빈은 가마의 쪽창을 열어 백성들에게 미소를 지었다. 앞쪽을 보니 소현세자의 뒷모습이 언뜻 보였다.

또각! 또각! 또각! 말발굽 소리가 강빈을 아스라한 추억 속으로 이끌었다. 소현세자와의 첫 만남이 떠올랐다.

'정묘호란이 끝났을 때야. 나는 믿음직스러운 세자 저하를 보려고 뛰어나왔지. 그날 우리는 눈이 딱 마주쳤어.'

큰길가에는 아직도 느티나무가 든든하게 서 있었다.

'나무야, 세자 저하도 여전히 듬직하단다. 우리 저하는 조선의 미래가 될 거야.'

강빈은 나무와 백성들을 바라보며 자신 있게 약속했다.

"아바마마, 저희가 이제야 돌아왔습니다."

강빈과 소현세자는 인조에게 감격스러운 얼굴로 인사했다. 그런데 인조는 반기기는커녕 싸늘하게 물었다.

"너희는 청나라에서 무엇을 보았느냐?"

"청나라가 부국강병˚을 이루는 모습을 지켜봤습니다. 명이 멸망하고 청이 중국을 장악하는 현장에서는 조선의 강성 대국을 꿈꿨습니다. 북경에서는 서양의 과학 문물도 익혔습니다. 조선도 청나라처럼 서양 문물과 기술을 받아들여야 합니다. 조선 발전에 밑거름이 될 것입니다."

소현세자는 가슴에 품은 소망을 거침없이 쏟아 냈다. 그러고는 아담 샬에게 받은 서양 책과 천구의 등을 내놓았다. 그런데 인조는 그 물건들을 못마땅하게 노려보다가 강빈과 소현세자에게 불같이 화냈다.

"이따위 물건을 내게 보인단 말이냐? 네가 성리학을 팽개치고 오랑캐 학문을 배워 왔구나!"

인조의 고함에 강빈은 깜짝 놀랐다. 아직도 인조는 삼전도의 굴욕에 치를 떨고 있었다. 그래서 청나라의 것들을 받아들이자는 소현세자가 곱게 보이지 않았다.

"오호라, 네가 청과 손을 잡은 것이렷다! 꼴도 보기 싫다. 썩 물러가라!"

인조는 아예 팽 돌아앉았다. 소현세자가 오해라고 하소연해도 소용없었다.

• 부국강병(富國強兵) : 나라를 부유하게 만들고 군대를 강하게 함.

'전하께서 변하셨구나. 나와 세자 저하를 온돌방에서 재워 주라고 도르곤에게 부탁하던 따사롭던 분이 아니야.'

강빈은 왠지 모르게 두려워졌다.

조정에는 강빈과 소현세자를 반기지 않는 사람이 많았다. 아직도 명을 숭상*하는 신하들은 새로운 조선을 꿈꾸는 소현세자 부부를 경계했다. 권세의 야욕에 사로잡혀 자기 잇속만 챙기려는 사람들은 호시탐탐 강빈과 인조 사이를 이간질했다. 특히 간신배 김자점과 후궁 조씨가 심했다.

"전하, 세자가 심양에서 황금 덩어리를 가져와 숨겼답니다."

"전하, 강빈은 비단 수천 필을 가져왔다는군요. 왕비만 입는 적의*를 만들려는 거겠지요?"

인조는 후궁 조씨의 모함을 곧이곧대로 믿었다. 그렇게 인조의 의심은 커졌고, 인조와 소현세자의 갈등은 깊어졌다. 급기야 인조는 소현세자가 왕위를 빼앗으려 한다고 믿었다.

인조의 냉정한 태도에 충격받은 것일까. 속앓이하던 소현세자가 다시 몸져누웠다.

- 숭상(崇尙) : 높여 소중히 여김.
- 적의(翟衣) : 조선 시대에, 나라의 중요한 의식 때 왕비가 입던 예복

"저하, 기운 내세요. 전하의 오해는 곧 풀릴 겁니다."

강빈이 다독였으나 소현세자의 병세는 좋아졌다 나빠지기를 반복했다.

"긴 여행으로 생긴 병이니, 가벼이 여기소서."

어의는 소현세자의 병을 학질*이라고 진단했다.

강빈은 밤낮으로 소현세자를 보살폈다.

"저하, 저와 약조해 주셨잖아요. 조선 땅 곳곳에서 백성들이 풍년가를 부르게 해야지요. 조선에 새바람이 불게 해야지요. 그새 잊은 건 아니시지요?"

"내가 어찌 잊겠소. 어젯밤에는 꿈까지 꾸었다오. 내가 조선을 밝힐 것을 찾기 위해 세상 구경을 떠나는데 낙타를 타고 사막을 건너고 있었소. 무척 아름다운 풍경이었소."

"그런데 혼자 가신 겁니까? 저는 놔두고요?"

강빈이 장난스레 묻자 소현세자가 방시레 웃었다. 강빈은 소현세자가 거뜬히 일어날 거라고 믿었다. 소현세자는 청에서도 온갖 고난을 이겨 낸 대장부였다.

하지만 며칠 후, 끔찍한 일이 벌어졌다. 갑자기 소현세자가 숨을

• 학질(瘧疾) : 갑자기 고열이 나며 설사와 구토를 일으키는 전염병. 말라리아라고도 함.

거둔 것이다. 청나라에서 조선으로 돌아온 지 겨우 두 달 만이었다.

"저하! 저를 두고 떠나시면 어떡합니까? 저와 약속했던 숱한 꿈들은 어찌하고 가신단 말입니까?"

강빈은 하늘을 향해 울부짖었다.

"세자 저하, 심양에서 저희를 지키느라 힘을 다 쓰셨나요? 그리던 고국에 오자마자 왜 떠나시나이까. 너무나 허망하옵니다."

창경궁 환경전이 울음바다가 되었다.

"가엾은 우리 세자 저하, 날개를 펴지 못한 새가 되었구나."

"비운의 우리 세자 저하, 꽃을 피우지 못하고 시들었구나."

백성들도 눈물을 쏟으며 애달파했다.

소현세자의 죽음은 독살이 의심되었다. 온몸이 새까맣고 눈, 코, 입, 귀에서 붉은 피가 흘러나왔기 때문이다. 그런데 이상한 일이었다. 인조는 소현세자의 죽음을 조사하지 않았다. 더욱이 소현세자와 강빈의 아들인 원손이 어리다는 이유로 봉림대군을 왕세자 자리에 앉혔다. 강빈이 통곡하고 신하들이 반대해도 인조는 꿈쩍하지 않았다.

강빈에게 소현세자가 없는 세상은 암흑일 뿐이었다. 소현세자의 꿈도, 강빈의 희망도 사라졌다. 강빈은 아득한 나락으로 떨어졌다.

조선 백성의 빛나는 별

소현세자의 죽음은 강빈에게 큰 타격이었다. 남자와 여자, 남편과 아내의 역할이 엄격하게 구분된 조선에서 강빈이 할 수 있는 일은 아무것도 없었다.

'원손을 위해서라도 견뎌야 해.'

강빈은 절망하지 않으려고 앙버텼다. 그렇지만 고난은 계속 강빈을 찾아왔다. 흉측한 모함이 강빈을 옭아맸고, 강빈을 없애려는 계략이 줄기차게 꾸며졌다.

"전하, 세자빈은 심양에 있을 때 왕비가 입는 붉은 비단옷을 만들었답니다. 또한 자신이 머무르는 곳을 두고 내전˚이라는 칭호도

썼다고 하니, 소현세자와 함께 왕위를 노린 것이 아니겠습니까?"

후궁 조씨가 모함하면 김자점이 거들었다.

"세자빈이 제멋대로 장계를 고쳤다고도 합니다."

후궁 조씨는 집요했다. 하나씩 하나씩 계략을 꾸미며 강빈의 목숨 줄을 죄었다.

"전하! 세자빈이 저를 저주합니다. 이것 보세요. 궁궐 곳곳에 묻어 둔 망측한 물건입니다. 원손의 보모인 최 상궁이 깊숙이 관여했다니 큰 벌을 내리소서."

사건이 터질 때마다 강빈의 궁녀들이 줄줄이 잡혀 들어갔다.

이듬해 새날이 밝았다. 강빈이 막 아침상을 물릴 때였다.

"역모다! 역모가 일어났다!"

"누군가 전하를 해하려 했다!"

쩌렁쩌렁한 목소리가 궁궐 안에 울리더니 내관 한 무리가 우르르 궁녀들 처소로 몰려갔다.

- **내전(內殿)**: 왕비가 거처하던 궁전
- **장계(狀啓)**: 왕명을 받고 지방에 나가 있는 신하가 자기가 관할하는 구역이나 범위의 중요한 일을 왕에게 보고하던 일 또는 그런 문서

"역모라니? 누가 역모를 꾸몄단 말이냐?"

강빈은 벌떡 일어났다.

"마마, 전하의 수라상에 오른 전복구이에서 독이 나왔답니다."

"전하께서는 무사하시냐? 누가 그런 끔찍한 짓을 벌였다더냐?"

강빈의 물음에 옥련이가 왈칵 눈물을 쏟았다.

"지금 향이와 수라간 궁녀들이 잡혀갔습니다, 흐흑!"

"왜? 무슨 이유로 잡혀갔단 말이냐?"

"그것이… 향이가 수라간 궁녀들과 짜고 전복구이에 독약을 넣었다며 잡아갔습니다. 게다가 궁에서는 또 이상한 소문이 돌고 있습니다. 이게 다 마마가 시킨 일이라고요."

강빈은 풀썩 주저앉았다. 음모였다. 강빈을 쫓아내려는 누군가의 모함이었다.

"전하를 해치려 한 사람은 강빈이다. 강빈이 역모자야."

인조와 후궁 조씨는 강빈에게 죄를 뒤집어씌웠다.

"저는 결백합니다, 전하! 어찌 감히 아바마마께 그런 짓을 하겠나이까."

강빈은 인조에게 애원했다.

"전하! 죄 없는 궁녀들을 풀어 주십시오."

강빈은 궁궐 뜰에 엎드려 빌고 빌었지만 인조의 심장은 얼음처럼 차가웠다. 강빈이 억울함을 하소연할수록 궁녀들에게 지독한 고문만 이어졌다.

"궁녀들이 자백하지 않는다고? 고얀 것들! 안 되겠다, 강빈을 가둬라."

인조는 강빈을 후원 별당에 감금시켰다. 궁녀도 못 따라가게 했고, 음식과 물은 문구멍으로 넣어 주라고 명령했다.

"어느 누구도 강빈과 말하지 말라. 내 명령을 어기면 큰 벌을 받으리라."

"원통합니다! 하늘에서 세자 저하도 통곡할 것입니다!"

강빈은 울부짖으며 죄인처럼 끌려갔다.

쿵! 쿵! 쿵! 밖에서 방문을 막는 망치질 소리가 들렸다. 강빈의 심장에 못을 박는 소리였다.

궁지에 몰린 강빈은 절박했다. 혹시라도 친정어머니와 형제들, 원손을 비롯한 어린 아들딸까지 위험에 빠질까 두려웠다. 강빈은 사랑하는 가족과 아끼는 궁녀들을 지키고 싶었다. 그러려면 반드시 누명을 벗어야 했다. 강빈은 기진맥진한 몸과 흐릿해지는 정신을 단단히 추슬렀다.

강빈의 처지가 너무나 처량했을까. 보다 못한 봉림대군이 인조에게 아뢰었다.

"아바마마, 강빈이 죄를 지었더라도 시중꾼은 있어야 합니다. 지금은 죄지은 증거도 없지 않습니까."

인조는 그제야 강빈의 시중을 들 궁녀 한 명을 허락했다. 다행히 옥련이었다.

"옥련아, 궁녀들은 어찌 되었느냐? 향이는 무사하냐?"

강빈은 물 한 모금 넘기지 못하면서도 궁녀들 걱정뿐이었다.

"모두 무사합니다. 마마, 진실은 언젠가 밝혀질 거예요. 그러니 용기를 잃지 마소서."

옥련이가 강빈을 다독였으나 이 말은 모두 강빈을 안심시키기 위한 착한 거짓말이었다. 며칠 뒤에 옥련이는 강빈에게 슬픈 소식을 전하고 말았다.

"마마, 향이와 궁녀들이 세상을 떠났습니다. 가혹한 매질에도 마마는 잘못이 없다고 꿋꿋하게 말했다 하옵니다."

옥련이가 목 놓아 흐느꼈다. 하늘도 슬펐는지 겨울비가 내렸다. 강빈은 말없이 눈물을 뚝뚝 흘렸다.

'마마 목소리가 섬까지 안 들릴까 봐 걱정스러웠습니다. 그렇게

되면 생명을 구하려는 세자빈마마의 마음이 헛되잖습니까.'

　강화도에서 처음 봤을 때 똘망똘망 할 말을 다 하던 아이, 향이의 목소리가 들리는 듯했다. 떨어지는 빗방울에 새앙각시 향이가 어른거렸다. 떨구는 눈물방울에 어엿한 궁녀 향이가 둥실거렸다.

　'향이야, 고맙다. 어린 벗아, 잘 가렴.'

　강빈은 향이에게 작별 인사를 보냈다.

　궁궐 안은 날마다 시끌벅적했다. 강빈을 없애려는 세력과 강빈을 보호하려는 신하들의 줄다리기가 끝없었다.

　"전하, 어떤 증거도 없습니다. 세자빈마마를 풀어 주소서."

　"결정적인 증거는 없어요. 하지만 강빈이 아니라면 누가 전하의 음식에 독을 탔겠습니까? 청나라에서의 활동을 보십시오. 강빈이 반역자가 분명합니다."

　"그것은 얼토당토않은 추측일 뿐이오. 전하, 저들의 간언•을 멀리하소서."

　대신들의 상소•가 빗발쳤다. 하지만 그 상소는 인조의 노여움만 더욱 키웠다.

• 간언(間言) : 두 사람이나 나라 등의 사이를 헐뜯어 서로 멀어지게 하는 말
• 상소(上疏) : 임금에게 글을 올리던 일

"듣기 싫다. 강빈을 아예 궁 밖으로 쫓아내라!"

그 누구도 거역할 수 없는 임금의 명령이 떨어졌다.

강빈이 출궁하는 날이 되었다. 창경궁 선인문에 의금부도사˚가 떡 버티고 있었다. 그 옆에는 검은 덮개가 씌워진 가마가 보였다.

'원손, 그리고 나의 아이들아! 너희는 살아남아라. 어미가 없어도 부디 행복해라.'

또다시 강빈은 어린 아들딸을 남겨 두고 떠나야 했다. 세자빈으로 들어와 지냈던 궁궐 생활은 아쉽지 않았다. 오직 발걸음이 떨어지지 않는 까닭은 어린아이들 때문이었다. 하지만 강빈은 아이들이 잘 지내리라 믿었다. 소현세자를 닮아 착한 아이들이니까, 소현세자처럼 대범한 아이들이니까 무럭무럭 잘 크리라 굳게 믿었다.

"마마, 걱정하지 마세요. 제가 옆에 있어요."

옥련이가 강빈의 어깨를 부축했다.

"옥련아, 너는 아니? 넌 내 몸종이 아니었단다. 든든한 친구, 정겨운 동생이었어."

˚의금부도사(義禁府都事) : 조선 시대에, 임금의 명령을 받들어 중죄인을 신문하는 일을 맡아 하던 의금부에 속한 종오품 벼슬

강빈도 옥련이를 꼬옥 안았다. 그리고 궁궐을 휘둘러보고 가마 안으로 들어갔다.

잠시 뒤, 끼익 하며 궁궐 문이 열리는가 싶더니 애타는 울음소리가 들려왔다.

"세자빈마마, 원통합니다."

"세자빈마마, 억울합니다."

가마 곁을 따르는 옥련이가 흐느끼며 알렸다.

"한양 백성들이 몰려왔습니다. 그들이 슬퍼하며 땅을 칩니다."

강빈은 가슴이 뭉클했다.

'백성들 마음은 한결같구나. 백성들 사랑은 끝이 없구나. 궁궐에 있어도 청나라에 있어도 나와 저하의 진심을 아는구나, 우리 백성들은!'

강빈은 미소 지으며 중얼거렸다.

"그럼 됐다. 내게 죄가 있다면 세자 저하를 사랑하고 조선 백성을 아낀 것뿐이다. 그 죄라면 달게 죗값을 받으리."

다시금 백성들이 부르짖었다.

"마마, 청에서 구해 주셨던 막쇠입니다."

"심양에 물건을 댄 장사꾼입니다. 마마 덕분에 잘 살고 있습니다."

"세자빈마마의 억울함은 하늘이 알 것입니다."

백성들의 울부짖음과 서글픈 탄식이 강빈의 가마를 뒤따랐다.

강빈은 가마 쪽창을 열고 싶었다. 백성들 얼굴이 보고 싶었다. 하지만 검은 덮개 때문에 밖을 볼 수 없었다. 강빈이 쓸쓸히 고개를 숙일 때였다.

"마마께서 저희를 살리셨습니다!"

"마마께서 저희에게 희망을 주셨습니다!"

백성들이 하나가 된 합창이었다. 그 소리가 한양 땅에 우렁우렁 울렸다.

강빈은 가만히 귀를 기울였다. 어느 순간, 백성들의 통곡이 노랫가락으로 퍼졌다. 햇살 좋은 날, 심양에서 소현세자와 흥얼거리던 노랫소리 같았다. 별빛 고운 날, 북경에서 소현세자와 읊조리던 흥타령 같았다.

강빈은 살포시 눈을 감았다. 그러고는 소현세자에게 마음속 편지를 띄웠다.

'사랑하는 저하, 백성들의 소리가 들리십니까? 우리가 꿈꾸었던 소망들을 노래하네요. 저하와 저의 꿈은 헛되지 않았어요. 저하, 저는 저들을 믿습니다. 먼 훗날에 저들은 이룰 거예요. 부강한 조선, 풍요로운 미래를 말이에요. 그래서 전 슬프지 않아요!'

강빈의 가마는 꽃잎처럼 뚝뚝 떨어지는 백성들의 눈물을 딛고 궁궐에서 점점 멀어져 갔다.

그때 그 사건

#병자호란 #삼전도의_굴욕

병자호란은 1636년 병자년에 청나라가 조선을 침략한 사건이에요. 병자년부터 정축년까지 이어졌기 때문에 병정노란이라고도 부르지요. 노란은 호인(청나라 사람)들이 일으킨 난이라는 뜻이에요.

1608년, 왕위에 오른 광해군은 명나라와 후금 어느 쪽으로도 치우치지 않고 중립 외교 정책을 펼치며 후금이 조선을 침략하지 못하게 했어요. 하지만 1623년 인조반정으로 광해군을 쫓아내고 왕위에 오른 인조는 명나라와 가깝게 지내고 후금을 멀리하는 친명배금 정책을 펼쳤지요.

그 결과 1627년 정묘년, 후금은 조선에 쳐들어와 정묘호란을 일으켰어요. 후금은 조선에 형제 관계를 요구했어요. 조선은 그러겠다고 했지만 한편으론 여전히 명나라를 섬겼고, 후금은 자신들과 전쟁 중인 명나라를 돕는 조선을 못마땅해했어요.

1636년, 후금의 왕 홍타이지는 나라 이름을 청나라로 고치고 같은 해 12월 8일 청나라 군대를 이끌고 조선을 침략해 병자호란을 일으켰어요. 청나라 군사가 가까워지자 인조는 왕실 사람들을 강화도로 피신시켰어요. 그리고 한양에 남아 있던 인조와 소현세자는 남한산성으로 피신했어요. 남한산성에는 식량도 군사도 부족했지만 인조와 소현세자는 사십 일 넘게 버텼어요. 하지만 강화도가 함락되고 강빈이 포로로 잡혔다는 소식에 인조와 소현세자는 청나라에 항복하기 위해 삼전도로 향했어요.

　인조는 홍타이지 앞에서 삼배구고두례를 올리며 항복했어요. 이 사건이 바로 삼전도의 굴욕이에요. 이 일을 계기로 조선은 명나라와의 관계를 정리하고 청나라의 신하가 되어 홍타이지를 황제로 섬기게 되었어요.

인물 키워드

🔍　　　　　　　　　#경영인

　인조가 홍타이지에게 항복한 삼전도의 굴욕 이후 소현세자와 왕실 사람들은 볼모로 잡혀가 청나라의 심양관에서 생활했어요. 그들 중에는 강빈도 있었지요. 강빈은 2백 명에 가까운 심양관 식구들을 먹이며 살림을 꾸려야 했어요. 그래서 어떻게 하면 먹고살 수 있을지, 어떻게 하면 청나라의 것들을 이용해서 잘 살 수 있을지 고민했어요.

　그런데 몇 년이 지나 기회가 찾아왔어요. 1639년, 청나라 왕족인 아지거가 조선 물건을 구해 달라며 연락한 거예요. 청나라는 물건을 만들거나 농사를 짓는 기술이 부족해서 명나라와 무역하며 필요한 것들을 얻고 있었어요. 그런데 명나라와 전쟁을 하며 물건을 구하기 어려워졌던 것이지요.

　아지거가 원하는 물건을 구해 준 후 심양관은 조선과 청나라 무역의 중심이 되었어요. 조선 물건을 찾는 청나라 사람들이 늘어나며 거래되는 물건의 종류도 다양해지고 수도 많아졌어요. 강빈은 무역에 적극적으로 참여하며 심양관

의 재산을 불려 생활비를 마련했어요.

그런데 또 다른 위기가 찾아왔어요. 1641년, 청나라가 심양관에 땅을 줄 테니 직접 농사지어 식량을 마련하라고 명령했어요. 청에서 준 땅은 메마른 데다가 땅들이 서로 멀리 떨어져 있었기 때문에 농사짓기 쉽지 않았어요. 일할 사람도 부족했지요.

하지만 강빈은 좌절하지 않았어요. 노예 시장에서 포로를 속환해 데려와 일꾼을 구했고, 땅을 갈아 곡식을 심고 열심히 가꿨어요. 그 결과 1642년, 3천 석이 넘는 곡식을 수확했어요. 강빈은 심양관 식량으로 사용하고 남는 곡식을 팔아 번 돈으로 더 많은 조선 포로를 속환하고, 소현세자의 외교 활동에 필요한 비용도 마련할 수 있었어요.

강빈은 왕실 사람으로서, 여자로서 도전하기 어려웠던 무역과 농장 경영에 성공하며 경영인으로서 능력을 펼쳤어요.

김만덕도 조선 후기의 여성 경영인으로 널리 알려진 인물이에요.
　김만덕은 1739년 제주도에서 양인* 신분으로 태어났어요. 부모를 잃고 제주 관가의 기생이 되었다가 1762년에 물산객주라는 가게를 차려 처음으로 장사를 시작했지요. 객주는 다른 지역에서 온 상인들이 쉬어 가고, 물건을 팔던 곳이었어요. 김만덕은 제주도 상인들에게는 육지 물건을 팔고, 육지 상인들에게는 제주도 물건을 팔아 부자가 되었어요.
　1795년, 태풍으로 제주도가 큰 피해를 입었고 흉년까지 들었어요. 그러자 김만덕은 자신의 재산으로 육지에서 쌀을 사서 굶주리는 제주도 사람들에게 나누어 주었어요. 김만덕이 나눈 쌀은 모든 제주도민이 열흘 동안 먹을 수 있는 양이었어요. 정조는 사람들을 구한 김만덕을 칭찬하며 궁궐과 금강산을 구

경하고 싶다는 김만덕의 소원을 들어주었어요. 당시에 제주도 사람들은 섬 밖으로 나갈 수 없다는 법이 있었던 것을 생각하면 아주 큰 상이었지요.

   김만덕은 이후에도 제주도에서 계속 객주를 운영했어요. 1812년 세상을 떠나면서 양아들 몫의 재산을 제외한 모든 재산을 제주도의 가난한 사람들을 위해 써 달라고 했지요. 김만덕의 사업 능력과 선행을 널리 알리기 위해 조선 시대의 문신 채제공이 《만덕전》을 쓰기도 했어요.

   김만덕은 뛰어난 경영인이었을 뿐만 아니라 자신의 재산을 아낌없이 사용해서 사람들을 도왔던 자선 사업가였기 때문에 더 오랫동안 기억되고 있지요.

● **양인(良人)** : 조선 시대에, 양반과 천민의 중간 신분으로 천한 일에 종사하지 않던 백성

인물 그리고 현재

#심양일기 #심양장계 #민회빈_강씨상 #민회빈_강씨_영상

▲《심양일기》와《심양장계》

《심양일기》는 병자호란 이후 소현세자와 강빈 그리고 조선 사람들이 청나라의 볼모로 잡혀가 심양에 머물렀던 일을 세자시강원에서 작성한 기록이에요. 심양관 생활, 조선과 청나라 사이의 사건, 청나라와 명나라의 전쟁 그리고 청나라 황실에 대한 내용 등 1637년부터 1644년까지 8년 동안의 일이 담겨 있는 중요한 자료지요.

《심양장계》는 같은 시기에 소현세자의 신하들이 조선에 보낸 장계를 엮은 책이에요. 소현세자 일행의 경험, 청나라와 나눴던 의견, 청나라 군대의 상황, 조선인 포로의 송환, 청나라와 조선 사이의 교역 내용 등이 담겨 있어요. 조선의 외교사를 알 수 있고, 기밀문서도 남아 있어 《심양일기》와 마찬가지로 중요한 자료예요.

《심양일기》와 《심양장계》 모두 조선과 청나라의 관계, 명나라가 몰락하고 청나라가 떠오르던 시기의

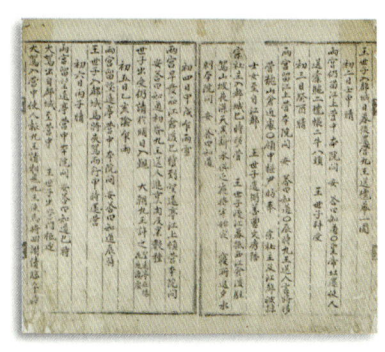

▲《심양일기》 일부분

영상을 감상해 보세요 ▶

상황이 잘 드러난 역사적 기록이라서 매우 가치 있지요.

소현세자와 함께 심양 생활을 견뎌 냈던 강빈의 정신과 삶은 현대에 이르러서도 많은 사람들이 기리고 있어요. 강빈이 세상을 떠난 이후 숙종 대에서야 강빈과 그 가족은 인조를 해하려 했다는 누명을 벗었어요. 그래서 강빈은 소현세자빈으로서 명예를 회복하고 민회빈 강씨라는 이름을 받았지요.

강빈의 무덤 영회원이 있는 광명시는 강빈의 진취적인 삶과 여성 경영자로서의 자질을 재조명하고 그 마음씨를 기리기 위해 '민회빈 강씨상'을 만들었어요. 강빈을 닮아 자아실현을 이루고, 사회 발전에 이바지한 모범적인 여성에게 이 상을 수여한다고 해요.

광명시에서는 광명을 빛낸 사람들의 이야기를 영상으로 제작하고 있어요. 광명시 유튜브에서 〈광명의 인물 민회빈 강씨〉 영상도 감상해 보세요.

● 세자시강원(世子侍講院) : 조선 시대에, 왕세자의 교육을 맡아보던 관아

자료 출처
p. 134. 《심양일기》 표지와 일부분, 규장각한국학연구원(kyu.snu.ac.kr)
p. 134. 《심양장계》 표지, 규장각한국학연구원
p. 135. 〈광명의 인물 민회빈 강씨〉, 광명시 유튜브(www.youtube.com/watch?v=hEd2MORK13s)

조선 최초의 여성 경영인

강빈

초판 1쇄 펴낸날 2023년 3월 13일
초판 2쇄 펴낸날 2024년 7월 30일

글 박지숙 | 그림 박미화
펴낸이 서경석
책임편집 김진영 | 편집 이봄이 | 디자인 권서영
마케팅 서기원 | 제작·관리 서지혜, 이문영
펴낸곳 청어람주니어 | 출판등록 2009년 4월 8일(제313-2009-68호)
본사 주소 경기도 부천시 부일로483번길 40 (14640)
주니어팀 주소 서울특별시 구로구 디지털로 272 한신IT타워 404호 (08389)
전화 02)6956-0531 | 팩스 02)6956-0532
전자우편 juniorbook0@gmail.com
블로그 blog.naver.com/juniorbook
인스타그램 @chungeoram_junior

ISBN 979-11-86419-88-5 74810
     979-11-86419-86-1(세트)

ⓒ 박지숙, 박미화, 청어람주니어 2023

※ 이 책의 내용 일부 또는 전부를 재사용하려면 반드시 저작권자와 청어람주니어 양측의 동의를 얻어야 합니다.